中宣部国家新闻出版改革发展项目库项目"住房城乡建设智库"研究成果
同济大学建筑产业创新发展研究院研究成果

建筑产业转型升级与哲学思辨

王铁宏 著

中国建筑工业出版社

图书在版编目（CIP）数据

建筑产业转型升级与哲学思辨/王铁宏著 . 一北京：中国建筑工业出版社，2020.7（2022.9重印）
ISBN 978-7-112-25193-3

Ⅰ.①建… Ⅱ.①王… Ⅲ.①建筑业—经济发展—研究—中国 Ⅳ.①F426.9

中国版本图书馆CIP数据核字（2020）第089625号

建筑产业如何在危机中育新机，于变局中开新局，是亟待研究解决的重大课题。作者长期从事建筑产业深化改革、转型升级、科技跨越的研究，并结合其哲学思辨的独特视角以深入回答如何改、如何转和如何跨三个基本问题，进而在顺应大势、把握大局、制定大策中研究建筑产业的育新机、开新局。本书可供建筑产业相关人员阅读借鉴。

责任编辑：咸大庆　杨　允
版式设计：京点制版
责任校对：赵　菲

建筑产业转型升级与哲学思辨
王铁宏　著

*

中国建筑工业出版社出版、发行（北京海淀三里河路9号）
各地新华书店、建筑书店经销
北京点击世代文化传媒有限公司制版
北京中科印刷有限公司印刷

*

开本：787×1092毫米　1/16　印张：16¼　字数：155千字
2020年8月第一版　2022年9月第五次印刷
定价：150.00元
ISBN 978-7-112-25193-3
（35963）

版权所有　翻印必究
如有印装质量问题，可寄本社退换
（邮政编码 100037）

目 录

绿色建造与高质量发展 / 001

第一章　深化改革 / 003

一、改革导向

《关于促进建筑业持续健康发展的意见》的主要精神 / 005

二、EPC

推行设计施工总承包模式（EPC）是市场模式改革的突破口 / 005

1. 为什么

为什么要推行 EPC 模式 / 005

2. 成效

推行 EPC 模式的效果 / 008

3. 何去何从

建筑业企业当如何应对 / 015

三、PPP

推行 PPP 模式是更深层次的市场模式变革 / 016

1. 深刻内涵

领悟 PPP 模式变革逻辑的深刻内涵 / 016

2. 辩证关系

把握住 PPP 和 EPC 之间的辩证关系 / 017

四、全过程咨询

如何认识全过程咨询 / 022

1. 项目管理方式变革

全过程咨询并非市场模式改革而是各类市场模式下均可推动的项目管理方式变革 / 022

2. 影响

全过程咨询非但深刻影响设计/监理企业改革方向亦会深刻影响建筑业企业改革方向 / 023

第二章 转型升级 / 025

一、装配式

发展装配式是建筑产业转型升级的重中之重 / 027

1. 为什么

中国为什么要发展装配式建筑 / 027

2. 辩证看

此装配式非彼装配式 / 031

3. 发展方向

上海为什么引领全国装配式建筑发展方向 / 035

4. 成功范例

发展装配式的成功范例 / 039

5. 争议

如何看待发展装配式建筑中的争议 / 065

6. "四个问题"

要回答好发展装配式建筑的"四个问题" / 069

7. "三个绝配"

关注装配式+的"三个绝配" / 070

二、超低能耗

超低能耗建筑具有广阔发展空间 / 077

1. 什么是

什么是超低能耗建筑 / 077

2. 为什么

为什么要发展超低能耗建筑 / 079

3. 如何做

如何发展超低能耗建筑 / 081

4. 成品住宅

关于发展成品住宅的讨论 / 082

三、若干讨论

转型升级与若干问题的讨论 / 084

1. 价值观问题

引领城市规划建设发展方向的价值观问题的讨论 / 084

2. "一带一路"

践行"一带一路"的思考 / 092

3. 上市

建筑业企业上市与否的讨论 / 102

4. 运维

建筑业企业是否要转型关注运维阶段 / 105

5. 自有劳务

建筑业企业自有劳务问题的讨论 / 106

6. 拓展城市空间

山区城市拓展发展空间的讨论 / 109

第三章　科技跨越 / 119

一、BIM

建筑产业科技跨越首当抓 BIM 应用 / 121

1. 引擎问题

必须从根本上解决 BIM 软件自主引擎的"卡脖子"问题 / 126

2. 安全问题

当务之急要率先解决 BIM 三维图形平台的"安全"问题 / 127

3. 贯通问题

重视设计 - 施工 - 运维阶段 BIM 应用的"贯通"问题 / 128

4. 价值问题

强调 BIM 应用的"价值"问题 / 128

二、发展趋势

未来已来的若干发展趋势 / 129

1. BIM 与 CIM

关注 BIM 与 CIM 的关系 / 129

2. 集采平台

供应链之集采平台 / 130

3. ERP

重视 ERP 打通与加强企业管理安全 / 132

4. 数字孪生

真正意义上的 BIM 数字孪生 / 132

5. 智慧建造

稳步推动智慧建造的发展 / 133

6. 区块链

研究区块链技术在建筑产业中的应用 / 133

7. 对雄安新区重大项目 BIM 应用的建议

雄安新区重大项目与 BIM 应用 / 135

三、重大课题

中国建造高质量发展战略研究 / 138

第四章　哲学思辨 / 145

一、全面辩证

看待任何事物都要用全面辩证思维 / 147

1. 汶川地震 / 147

2. 装配式建筑 / 153

二、共创共享

企业及项目管理中的共创共享思维 / 158

1. 碧桂园案例 / 158

2. 南通二建案例 / 159

3. 科技型企业案例 / 160

4. 不求所有但求共享 / 161

三、存量与增量

企业创新发展务必把握好存量与增量的辩证关系 / 162

四、大客户战略与内涵式 EPC

领军型企业要研究大客户战略与内涵式 EPC / 163

五、未来预期

企业创新发展要领悟互联网＋与未来预期思维 / 164

1. 竞争未来 / 164

2. 当独角兽 / 165

3. 新基建 / 166

后　记　抗击疫情 / 171

附　录 / 179

附录1：作者近期撰写的文章 / 181

附录2：作者近年的主要专著 / 190

附录3：作者近期所做的学术讲座 / 191

1.《建筑产业现代化发展的新动态》/ 191

2.《建筑产业的三场变革与三件大事》/ 209

3.《建筑业转型升级的三条主线与数字建筑业发展方向》/ 216

4.《建筑业企业改革发展和转型升级的哲学思考》/ 223

5.《关于数字建筑业发展的思考》/ 237

6.《绿色建造与高质量发展》/ 243

绿色建造与高质量发展

党的十九大报告中指出，我国经济已由高速增长阶段转向高质量发展阶段，正处在转变发展方式、优化经济结构、转换增长动力的攻关期，建设现代化经济体系是跨越关口的迫切要求和我国发展的战略目标。必须坚持质量第一、效益优先，以供给侧结构性改革为主线，推动经济发展质量变革、效率变革、动力变革，提高全要素生产率，着力加快建设实体经济、科技创新、现代金融、人力资源协同发展的产业体系，着力构建市场机制有效、微观主体有活力、宏观调控有度的经济体制，不断增强我国经济创新力和竞争力。

习近平总书记在2019年新年贺词中指出，中国制造、中国创造、中国建造共同发力，继续改变着中国的面貌。

中国建造已然被广泛认同，从中央领导到普通百姓。

中国建造从本质上就是中国建设，既包括城市房屋、市政基础设施建设，也包括各类基础设施建设。

建造即建设，有基本建设、建筑产业、建筑业不同的提法，现在看来，能被行业内外均广泛接受的就是中国建造。

从建筑产业转型升级来分析，它是指全领域（即广义基本建设）、全过程（即包括设计、施工，下一步还应包括运维）、全产业链（即包括基本建设所涉及的所有相关产业链条方面）的全面转型升级，即"四全"。

所谓绿色建造，实质就是建筑产业的全面转型升级问题，无论是建造出来的房屋或基础设施，还是整个建造过程，都要是在全面转型升级基础上实现绿色、循环、低碳发展。

习近平总书记指出，**绿色循环低碳发展，是当今时代科技革命和产业变革的方向，是最有前途的发展领域。我国在这方面的潜力相当大，可以形成很多新的经济增长点。**

既然绿色建造就是建筑产业全面转型升级问题，那么就要系统地回答怎样改革、怎样转型、怎样跨越这三个基本问题。

第一章
深化改革

一、改革导向

《关于促进建筑业持续健康发展的意见》的主要精神

国务院办公厅印发的《关于促进建筑业持续健康发展的意见》就建筑市场模式改革以及政府监管方式改革等做出了明确规定,关于市场模式改革,明确鼓励设计施工总承包模式;关于招投标制度改革,明确按投资主体重新要求,对社会资本投资项目不再简单一刀切;关于政府监管方式改革,明确对甲乙双方同等要求同等问责;关于质量监督主体责任改革,明确要研究建立质量监督体制等。这些改革都是深层次的,方向是正确的,效果令建筑业期待。现在,关键的关键就是看这些改革"怎么落地,什么时候落地",要关注后续一系列的配套文件。

二、EPC

推行设计施工总承包模式(EPC)是市场模式改革的突破口

1. 为什么

为什么要推行 EPC 模式

推进公共投资项目供给侧结构改革,关键在于转变发展方式,一则是建设模式转变,即要在节能、节地、节水、节材和环境保护基础上，体现科学发展、和谐发展、安全发展的要求；再则就是市场模式转变。目前，我国建设市场有两种模式并存，一种是传统的沿革于计划经济条件下的模式，即建设单位分别对应勘察、设计、施工、监理等多个企业；另一种是从1987年推行"鲁布革经验"开始引入的，国际上比较普遍采用的总承包模式，即建设单位在工程实施阶段只对应一个设计施工总承包单位。

从微观经济学的基本原理来看，传统模式属于"花别人的钱办别人的事"，勘察、设计、施工、监理单位缺乏优化设计、降低成本、缩短工期的根本动因，其效果必然是客观上既不讲节约也不讲效率，有悖于市场经济的规律；设计施工总承包模式则是属于"花自己的钱办自己的事"，一旦总承包中标，通过一次性定价，总包单位可单独或与业主共享优化设计、降低成本、缩短工期所带来的效益，使得总包单位有动因既讲节约又讲效率。

传统模式的运作机制决定了在设计、施工与建设单位的双边三方博弈中，往往中标前建设方是强者，压级压价、肢解总包、强行分包；建设中设计或施工方则是强者，千方百计通过变更和洽商追加投资，因其动因和利益就在于追加投资，最终导致项目突破概算、超期严重，成本难以有效控制。市场监管中发现，采用传统模式的建设单位的部门利益严重，腐败问题时有发生，造成公共资产浪费。此外，由于传统模式中设计、施工单位分立，不能整合为优化设计、降低成本、缩短工期的利益主体，既不利于科技创新、管理创新，也不利于"走出去"战略的实施（在某海湾国家中标的一条轨道交通线项目上，某央企由于缺乏国际项目设计施工总承包的经验，而严重超出概算造成亏损，教训极为深刻），严重制约了公共投资项目特别是房屋和市政基础设施项目供给侧结构改革的推进，必须从转型发展的高度来认识和破解。

目前，设计施工总承包模式在我国的工业项目以及部分铁道、交通、水利项目中推行较为顺利，一般可比同类型传统模式项目节省投资10%～15%，缩短工期10%～30%，质量也能得到有效控制，在节约资源、节省投资、缩短工期、保证质量安全等方面显示了明显优势，取得了显著成效。但总体上看，我国实行设计施工总承包模式的项目还偏少，尤其是公共投资的城市房屋建筑和市政基础设施项目中推行缓慢。究其原因，除了政策和技术等方法论层面外，主要矛盾还在于认识论层面，核心就是要不要推进的问题，矛盾的主要方面是地方政府投资管理方式不能适应总承包模式的推行。工业项目之所以能够推广，关键在于其投资管理是企业行为，在商言商必然要求优化设计、降低成本、缩短工期，要求"交钥匙"和"达产"。部分铁道、交通、水利项目之所以能够开展总承包模式，在于其政府投资主体单一，认识论的问题聚焦相对容易，即只要项目的最高决策领导意识到开展总承包模式的重要性，矛盾就能迎刃而解。相比较而言，公共投资的城市房屋建筑和市政基础设施工程，其事权、财权均在地方政府，由于投资主体复杂，利益交织，对推行总承包模式，往往相互观望，动因始终不强。当然，也不排除一些建设单位的个别人或个别团体从自身利益考虑，进行人为排斥。可以看出，如何引导和推动各地迈出公共投资项目设计施工总承包模式的第一步，将是有关部门要重点解决的问题。

2. 成效
推行 EPC 模式的效果

案例 1：深圳地铁 11 号线的示范

2016 年，我们对深圳地铁 11 号线推行 EPC 模式的经验做法做了专题调研，发表了《以市场模式转变促进公共投资项目供给侧结构改革——对深圳地铁 11 号线采用设计施工总承包模式实现又好又省又快建设的情况调研》（发表于 2016 年 11 月 7 日中国建设报）的报告。

深圳地铁 11 号线全长 52km，车站 18 座，工程总投资 313 亿元。经深圳市政府通过公开招标确定中国中铁作为该项目总承包单位，履行设计施工总承包+融资等职责。深圳地铁 11 号线项目是继深圳地铁 5 号线项目后又一次成功采用设计施工总承包模式的轨道交通项目。

通过调研，我们认为深圳地铁11号线采用设计施工总承包模式实现了"三个有利于"：

一是有利于又好又省又快建设。总承包模式采用固定总价合同的方式，合同签订后，总承包商的报价即为项目的固定总价，实行总价包死。这就迫使总承包单位必须通过优化设计、缩短工期、节省投资来产生效益，有动因追求又好又省又快，从根本上杜绝了传统模式下设计方和施工方"低价中标，高价结算"情况的发生。

深圳地铁11号线设计施工总承包以下浮工程概算11.4%的固定总价合同中标，而采用传统模式的深圳地铁1号线、3号线的结算价均追加约15%，两者相比，采用设计施工总承包的11号线至少节约了15%的投资。为实现深圳地铁11号线的又好又省又快建设，中国中铁采取了以下措施：一为统筹设计施工优势。实施多层次全覆盖的设计施工一体化管理，实现项目全过程设计与施工的"无缝对接"，使设计方案能够与先进的施工技术、工艺和方法结合起来，确保设计方案更合理，更具针对性。二为实施扁平化管理。全线推行"项目公司→各标段项目经理部"的两级管理体系，精简管理层级，缩短管理链条，既保证了政令畅通，又减少了管理成本。三为推行新技术。共推广使用新技术、新工艺20余项，研发使用新型专利11项，有效提高工程质量的同时节约了工期。

深圳地铁11号线项目（图1.1），土建部分工期仅有32个月，相比较采用传统模式的深圳1号线（长度仅为其1/3左右，但工期42个月）、广州1号线（长度也是其1/3左右，工期60个月）、北京5号线（长度约为其一半，工期44个月）、上海6号线（长度是其2/3左右，工期50个月），在建设里程最长的情况下，工期却缩短了24%~47%，效果十分明显。

图1.1 深圳地铁11号线项目

二是有利于建筑业企业核心能力的提升和做强做大。工程总承包模式可以促进建筑业企业集成化发展，有效提升综合服务能力。中国中铁通过参与深圳地铁5号线、11号线等一批工程总承包项目，充分整合内部设计、施工、科研等力量，企业组织机构更为科学、管理体系更为健全、人才储备更为充沛，在全产业链集成、核心技术应用、统筹管理等方面具备一定优势，形成了企业新的核心竞争力，在工程管理上与国际通行模式接轨，有效增强国内国际两个市场的竞争力，推动企业进一步做强做大。

三是有利于公共投资项目监管方式创新有效杜绝腐败。在传统模式中，建设单位往往部门利益严重，腐败问题时有发生，容易造成国家财产浪费。对政府投资项目采取工程总承包模式，原有的政府职能分工和工程项目审批制度等都要做相应调整和优化，在审批环节和监管环节上，都要采取新的管理方式，建设单位从项目细部管理转为对工程建设的总体监管，精简了管理机构，切断了涉及自身的利益链条，有效避免了权责不清产生的腐败问题。

案例 2：济南城建集团 EPC 项目的实践

2018 年，我们对济南城建集团在公共投资项目推行 EPC 模式的经验做法做了专题调研，发表了《以市场模式转变促进公共投资项目供给侧结构改革——对济南城建集团 EPC 项目经验的调研》（发表于 2018 年 12 月 13 日中国建设报）的报告。

通过对济南城建所承接的设计施工总承包项目进行专题调研，我们认为这些 EPC 项目实现了"三个有利于"：

一是有利于方案优化和质量提升，实现更"好"。

EPC 模式可以有效提升设计质量。在 EPC 模式下，总承包方能够将在施工阶段考虑的因素前置到设计阶段考虑，并将总承包方的施工经验融入设计中，从而实现设计方案的最优。例如，济南市刘长山路道路建设工程（图1.2）采用EPC模式，该工程隧道段长760m，覆土厚13m左右，原可研报告建议为暗挖，总承包方结合其深基坑施工经验，提出了明挖方案，并最终实施。不仅降低了施工难度，还避免了岩石断层、裂隙等对工程质量的潜在影响。

图1.2　济南市刘长山路工程项目

　　EPC模式可以显著提升工程质量。 EPC模式质量责任主体明确，无论是设计还是施工导致的质量问题，均由总承包方承担，不会出现推诿扯皮。总承包方不论是在设计阶段还是施工阶段，会更加主动地加强质量控制，更容易创精品。事实表明，济南城建集团承建的所有EPC项目交工验收全部一次合格，没有出现任何质量问题。

　　EPC模式更有利于BIM技术的应用。 EPC模式中的BIM模型可以通用于设计、施工、运维全过程，实现

BIM效能最大化。在设计阶段，通过碰撞检查、智能分析等提升设计质量；施工阶段，用于施工场地布置、技术交底、材料加工、安全与质量检查、进度模拟等，提升施工质量。

二是有利于降低成本，实现更"省"。

总承包模式采用固定总价合同的方式，合同签订后，总承包商的报价即为项目的固定总价，实行总价包死。这就迫使总承包单位必须通过优化设计、缩短工期、节省投资来产生效益，从根本上杜绝了传统模式下设计方和施工方"低价中标，高价结算"情况的发生。

济南城建集团承建的近20项EPC项目，没有一例超概算，部分项目结算额还低于概算，大大节省了投资。例如济南市刘长山路工程，概算建安费9.77亿元，中标合同价及结算价均为7.78亿元，与概算相比，成本降低1.99亿元，降低约20%；又如济南市海绵城市兴济河流域项目，概算静态投资及最终结算额均为23.16亿元，实现了预期控制目标，而传统做法项目一般超出概算约10%；泰州市西客站站前广场及江州路东进路改造工程，总合同额及结算额均为9300万元，即实现了"交钥匙"，而传统做法项目一般超出概算约15%。

同比济南市26个同类采用传统模式的项目，工程结算超合同额的有21个，占比81%。如市区某快速路，施工合同额12.5亿元，结算14.7亿元，超2.2亿元（17.3%）；市区另外一条快速路4个标段，合同额24.9

亿元，结算额 27.2 亿元，超 2.3 亿元（9.2%）；济南西区某道路排水工程，合同额 1.8 亿元，结算 2.5 亿元，超 7000 万元（38.8%）；济南市某垃圾填埋项目，合同价 1.2 亿元，结算 1.6 亿元，超 4000 万元（33.3%）。

三是有利于缩短工期，实现更"快"。

EPC 模式下，可以有效压缩工程前期准备时间。传统模式下，设计、施工独立招标，从初设批复到施工单位进场，需要 90 天。EPC 模式下，初设批复后到总承包单位进场仅需 30 天，压缩了 60 天（70%）。

EPC 模式下，可以实现设计施工压茬推进。济南海绵城市兴济河流域项目，137 个建筑小区分批出图，设计与施工压茬推进，仅用 7 个月便顺利完工，较正常工期缩短了 5 个月，效率提升了 40%。济南黄河冠世花园项目 6 个地块，施工计划主导施工图顺序，设计施工流水作业，27 万余株乔木、29 万余株绿篱、20 余万平方米草坪，仅用一个月时间便栽植完成，而市区同一个绿化工程采用传统模式发包，面积及栽植量仅为前者的一半，却分成了春秋两季施工，两者相比，黄河冠世花园缩短工期 6 个月（85%）。

EPC 模式下，简化变更手续缩短变更时间。设计与施工由外部协调变为内部协同，接口大大减少，变更手续大大简化。刘长山路工程，为减小拆迁对进度的影响，总承包单位对地道进行重新分节，实现了拆迁完成，隧道也随后完工的效果；现状龙窝沟桥需翻建，按照可研方案，此处新建电缆沟下翻河底，施工难度较大，工期长，与电力部门沟通后，将方案由下翻河底改为跨河桥架，缩短了1个月的工期。考虑征地拆迁，整个工程合理工期15个月，实际工期仅7个月便建成通车，工期提前了53%。

济南城建集团EPC项目的成功范例将为指导今后公共投资的市政基础设施项目实现优化设计、缩短工期、节省投资提供可资借鉴的经验，是以市场模式转变促进公共投资项目供给侧结构性改革，进而增强建筑业创新力和竞争力的重要尝试，值得推广。

3. 何去何从
建筑业企业当如何应对

习近平总书记指出，要"**真刀真枪推进改革**"，要"**抓住突出问题和关键环节，找出体制机制症结，拿出解决办法，重大改革方案制定要确保质量**"。

下一步如何深化改革？从政府方面，国务院及有关部门已经出台哪些政策，还有什么问题，还应当做什么？地方政府特别是城市人民政府如何将政策进一步落地，还应当做什么？从市场主体方面，包括建设方、设计方、施工方等已经做过什么，还有什么问题，还应当做什么？

对建筑业企业来说，创新发展的思路越发清晰。大型央企、国企必须即时准确地抓住这次深化改革政策上的有利时机，公共投资项目一定要大力提升 EPC 的管理能力，所有中标的 PPP 项目必须尽早主动推进实行 EPC 的管理模式，用优化设计、缩短工期、节省投资让 PPP 项目和 EPC 项目更好更省更快，进而形成大型央企、国企新的核心竞争力。其他建筑业企业也要调整格局与思维，学习中天集团的"大客户战略"，采用"内涵式的 EPC"管理模式，即使不是 EPC 项目，也要全力实现优化设计、缩短工期、节省投资，为业主创造价值，不超概算不超工期，形成自己独特的新的核心竞争力。

三、PPP

推行 PPP 模式是更深层次的市场模式变革

1. 深刻内涵

领悟 PPP 模式变革逻辑的深刻内涵

需要关注的是，在 EPC 基础上更深层次的改革，即 PPP 模式。EPC 的关键在于形成真正意义上优化设计、缩短工期、节省投资的甲乙双方理性契约关系。PPP 则是更深入的改革，是投资方式改革的深化，必然推动公共投资项目全面提高投资质量和效益的深入改革，这是不以人的意志为转移的。可以断定，真正意义的 PPP 必然需要 EPC，真正实现 EPC 则必然需要建筑产业综合技术的全面创新和提升。相信这将会是经济新常态下转型发展的必然要求，也是供给侧改革创新的必然要求。

国务院办公厅《关于促进建筑业持续健康发展的意见》及后续各部委一系列配套文件，明确要大力推广EPC模式。与此同时PPP不期而遇，且来势很猛，由于推广之初经验不足加之投资回报率过高，大多数央企、国企拿到PPP项目后没有关注其后面深层次的改革问题。EPC制度设计的初衷，是要营造公共投资项目甲乙双方理性契约关系，优化设计、缩短工期、节省投资。PPP则更加深入，行业里讲"不会当乙方就不会当甲方"，PPP就是要让会当乙方的人来当甲方，目标是要比不实行PPP的项目更好、更省、更快。

2. 辩证关系
把握住PPP和EPC之间的辩证关系

实现这一目标只能通过EPC模式。现阶段拿到PPP项目的央企、国企全然没有将重点放在这上面，作者真诚希望这些央企、国企在这一重大改革问题上不要迷茫，一定要打造全新的核心竞争力。这个新的核心竞争力就是PPP项目一定要比其他央企、国企的更好、更省、更快，一定是通过EPC来实现，牢牢紧扣PPP与EPC结合的核心竞争力。两者之间，既有辩证关系，亦有逻辑关系。为此，作者于2020年3月专门给某央企新任主要负责同志提出了以上建议，请其关注，从现有的靠量大面广的中小项目，从依靠走量甚至挂靠的传统模式中摆脱出来，实现真正意义上的跨越。

案例：中建科工（原中建钢构）通过积极探索创新实践，实现了三次转型跨越，成功地从单一钢结构承包商转变升级为综合建筑承包商，从综合建筑承包商转变升级为 EPC 承包商，并最终成为 PPP 综合服务商。

2018 年，我们对此做了专题调研，发表了《建筑业供给侧结构性改革实现跨越式发展的成功范例——对中建科工实现从单一钢结构承包商转变为 EPC 及 PPP 综合服务商的发展经验调研》的报告。

习近平总书记指出，"**抓住了创新，就抓住了牵动我国发展全局的'牛鼻子'**""**国际竞争新优势也越来越体现在创新能力上，谁在创新上先行一步，谁就能拥有引领发展的主动权**"。

2017 年中建科工实现合同额 288 亿元，总产值 132 亿元，分别比 2013 年增长 121.5% 和 89.1%，利润总额也比 2013 年增长 40.5%。截至目前，全球 400m 以上的 50 项超高层建筑中有 25 项在中国，中建科工参与了其中 22 项。中建科工无疑成为引领发展的成功示范。

一是抓住装配式建筑发展的契机，全面提升企业核心竞争力。中建科工充分发挥钢结构装配式建筑更好更省更快的特点，取得了几项范例的成功。一例是敦煌文博会主场馆（5 幢单体建筑，26.8 万 m^2，见图 1.3）仅

8个月时间就又好又省又快地建成了,不但结构、机电设备装配式,装饰装修也采用装配式,装配化率高达91.92%,创造了新的"敦煌奇迹",中建科工在其中发挥了核心作用。

图 1.3　敦煌文博会主场馆

另一例是深圳市政府向巴布亚新几内亚援建的巴新小学项目,针对当地现场施工体量大、工期紧、缺乏供材等诸多的客观限制条件,中建科工建议采用装配式建筑,得到双方政府的认可,中建科工采用EPC+全装配式(结构装配化+机电装配化+装饰装修装配化)总工期仅为1年,项目顺利提前竣工,充分彰显了中国建造中国速度中国质量,成为"一带一路"又一个创新示范项目。

与此同时,中建科工还特别注重紧密跟踪数字建造的发展趋势,抢占技术制高点,一是打造自己的钢结构建造云平台,为项目管理者决策提供信息支撑;二是装配式与 BIM 结合实现项目建造全过程的可视化管理；三是打造全国第一条重型钢结构智能制造生产线，极大提高生产效率。

二是抓住市场模式深刻变革的契机，成功跨跃为 EPC 承包商并最终成为 PPP 综合服务商。 国家大力推行 PPP 模式，国务院办公厅《关于促进建筑业持续健康发展的意见》要求装配式建筑原则上应采用工程总承包模式，政府投资工程应带头推行工程总承包。真正意义的 PPP 必然需要设计施工总承包，真正实现设计施工总承包则必然需要建筑产业综合技术的全面创新和提升。这将会是经济新常态下转型发展的必然要求，也是供给侧改革创新的必然要求。中建科工在推进设计施工总承包发展中，取得了一些创新经验。

例如华大基因中心项目总建筑面积约为 34 万 m^2，是深圳市首个批准的 EPC 模式项目。中建科工同华大基因签署 EPC 工程总承包合同后，对项目设计、采购和施工进行全过程质量控制，在很大程度上消除了质量不稳定因素，充分发挥钢结构装配式建筑更好、更省、更快的优势，不但缩短了工期（15%）、节省了建造成本（5%），还为业主增加使用面积 1800m^2（3%），为业主创造增值效益。

又如厦门自行车高速项目，全长 7.6km，是全国首条、也是世界最长的空中自行车高速公路。中建科工牵头联合进行 EPC 工程总承包方式，采用全钢结构建造，极大地满足了市民绿色安全出行的需要，得到了厦门市委市政府的充分肯定，成为试点示范。目前很多城市政府对此非常感兴趣，都在积极主动洽商拟请其承担其绿道工程项目，如成都天府绿道项目。

再如深圳市与四川广安市合作共建的深广·渠江云谷项目，中建科工采用EPC+钢结构装配式模式，仅524天建成总建筑面积约27万m^2、总投资约12亿元的产业园区（共36栋单体建筑），其中，主要建筑深广展示馆的主体结构施工周期仅用时一个半月，比原有方案缩短约80%。

此外，石家庄国际展览中心项目作为财政部第二批PPP示范项目，由正定新区与中建科工合作共建，总投资约45亿元，总建筑面积近26万m^2，建成后将成为北方地区规模最大、功能最全、设施最优、服务最好的会展中心。

中建科工成功地从单一钢结构承包商转变升级为综合建筑承包商，又从综合建筑承包商转变升级为EPC承包商，并最终成为PPP综合服务商。其核心经验就在于：一要抓住装配式建筑发展的契机，全面提升企业核心竞争力；二要抓住市场模式深刻变革的契机，努力寻找新型市场模式下的新的市场契机和新的市场细分。研究中建科工跨越转型升级的实质就是建筑业供给侧结构性改革的成功实践。

四、全过程咨询

如何认识全过程咨询

1. 项目管理方式变革

全过程咨询并非市场模式改革而是各类市场模式下均可推动的项目管理方式变革

国务院办公厅《关于促进建筑业持续健康发展的意见》首次明晰地提出了要"培育全过程工程咨询",并明确鼓励投资咨询、勘察、设计、监理、招标代理、造价等企业采取联合经营、并购重组等方式发展全过程工程咨询,培育一批具有国际水平的全过程工程咨询企业。

其实,关于全过程工程咨询服务的概念,早在2003年原建设部《关于培育发展工程总承包和工程项目管理企业的指导意见》和2004年原建设部《建设工程项目管理试行办法》就已经提到。那么为什么一直未能真正开展?原因在于如何讲好全过程咨询的实际工程案例的价值,即是否实现了比非全过程咨询的项目更好、更省、更快了。注意,是真实案例,是定量,而不仅仅是定性。

现在新的市场模式发展趋势愈发清晰。但仍然会有一些公共投资项目可能采用传统的计划经济条件下的市场模式,即一个建设方对应若干服务商的模式。由此,推广合适的工程咨询模式,寻找合适的市场空间、市场细分就会是选项之一。即便是EPC、PPP项目,也可能会有部分项目是采用全过程工程咨询，或者也可能是其部分内容采用全过程工程咨询。此外，还有大量的社会投资项目也有可能会选择全过程咨询。这一点是现实的，市场模式绝不可能会一刀切，那么全过程工程咨询将会有发展空间，需要让专业的人干专业的事，他们同样能让甲方尊重其意见建议实现优化设计、缩短工期、节省投资。

2. 影响
全过程咨询非但深刻影响设计/监理企业改革方向亦会深刻影响建筑业企业改革方向

因此，在这个大背景下，作者认为，应适时开展全过程工程咨询服务。全过程工程咨询是对工程建设项目前期研究和决策以及工程项目实施和运行的全生命周期提供包含设计和规划在内的涉及组织、管理、经济和技术等各有关方面的工程咨询服务。全过程工程咨询服务可采用多种组织方式，为项目决策、实施和运营持续提供局部或整体解决方案。推行全过程工程咨询服务是深化我国工程建设项目组织实施方式的重大变革，是提高工程建设管理水平，提升行业集中度，走内涵式发展的重要举措。同时也是我国勘察、设计、施工、监理企业调整经营结构，谋划转型升级，增强综合实力，加快与国际建设管理服务方式接轨，服务于国家"一带一路"倡议的必然要求。

与此同时，建筑业企业特别是承担有公共投资项目PPP 或 EPC 项目的企业也要积极关注研究和推广全过程咨询，专业的事让专业的人干，一定要把全过程咨询与 PPP、EPC 项目深度融合，让公共投资项目更加突显出优化设计、节省投资、缩短工期的效果，这也是供给侧结构性改革的重要方面。简言之，全过程咨询在中国是否有生命力，是否能够开花结果，既叫好又叫座，关键在于其是否能为各种市场模式下的项目、为业主或为总包方创造价值，优化设计、缩短工期、节省投资，不抓住这个关键，仅靠主管部门发文件，也难免会昙花一现，希望有志从事全过程咨询的企业和团队要充分认识清楚。（作者于 2018 年应邀为《全过程工程咨询概论》一书作序）

第二章
转型升级

一、装配式

发展装配式是建筑产业转型升级的重中之重

1. 为什么
中国为什么要发展装配式建筑

以绿色发展为核心，全面深入地推动绿色建筑、装配式建筑、超低能耗被动式建筑发展等，以及推广绿色施工、海绵城市、综合管廊等实践。

绿色发展的核心在于低碳，低碳经济揭示了城市规划建设的实质，需要我们正确把握城市规划建设发展方向，同时要有引领世界城市规划建设发展方向的自信。

首先是关于绿色建筑。党的十七大报告曾指出，**必须把建设资源节约型、环境友好型社会放在工业化、现代化发展战略的突出位置**。提出建设生态文明，节约能源资源和保护生态环境的产业结构、增长方式、消费模式的发展目标，大力发展绿色经济。2007年开始在我国全面推广绿色建筑，即节能、节地、节水、节材、环境保护，应当说还是取得了比较显著的成效。回过头来，我们要分析，国务院及有关部门已经出台过哪些政策，还有什么问题，下一步还要关注哪些问题？地方政府特别是城市人民政府还应当做什么？市场主体还应该如何做？推广绿色建筑，无论是科技还是标准我们国家都走在了世界的前列，特别是标准做到了地区、类型、过程

"三个全覆盖"，成效很大。但是在政策层面存在着一个突出问题，即"三北"地区节能建筑和不节能建筑的冬季供暖费标准没有调整，仍然是一样的，形不成真正的市场动力，必须充分认识该问题的严重性、严肃性，加以彻底改变。

再者是关于绿色施工。绿色施工与绿色建筑是呼应的，一个是建出来的房子是什么样，一个是如何建造这样的房子。

在绿色建筑与绿色施工基础上开始推动装配式建筑发展。中共中央、国务院《关于进一步加强城市规划建设管理工作的若干意见》指出，**要大力推广装配式建筑**。需要从国家战略层面认真回答两个深刻问题，即中国为什么要发展装配式建筑和如何发展装配式建筑。我国现有的传统技术虽然对城乡建设快速发展贡献很大，但弊端亦十分突出，必须加快转型，大力发展装配式建筑。

马云说，**改变世界的不是科技，而是科技后面的梦想**。100年前，法国建筑师勒·柯布西耶看到福特的第一条汽车生产线以后，就由衷地感慨地说**什么时候能像造汽车一样造房子**。在建筑界秉持这种观点的一直是小众。受其影响，德国的格罗皮乌斯也坚持这种观点，他在德国魏玛创办了包豪斯，后来他到了美国，对美国建筑界也产生了很大影响。受格罗皮乌斯的影响，德国、北欧还是比较崇尚工厂化装配式的，以至于有些家具都是工厂化装配式的。福特第一条汽车生产线从根本上改变了汽车的发展方向。

过去汽车是作坊式的，只是给王孙贵族服务的，价格太高昂，普通老百姓是买不起、用不起的，直到第一条汽车生产线诞生，汽车才进入寻常百姓家。

关于工厂化装配式建筑。先看我们现有的技术路径，即钢筋混凝土现浇体系，它形成于1982年。当时改革开放刚刚开始，国务院就责成原国家建委及国家建工总局，要抓紧研究，加快解决人民群众住房困难问题，"文革"十年欠账太多。当时云集了全国的专家，在中国建筑科学研究院用了3年的时间，理论研究、模型试验以及疲劳、耐久、抗震、抗风、消防等一系列试验，做了钢筋混凝土预制、外挂、现浇的全面对比，之后就在北京的"前三门"大街做"示范工程"，在上海也做了对照组实体工程试验。

基于当时的经济社会发展条件，我国原有城市住房大多是两三层楼房，四层以上的都极少，房屋建筑多采用简单装配式（红砖墙+预制板）。那时每个城市都建有预制构件厂，主要就是生产预制板；每个城市的建工局下都设有一个机械化施工公司，主要负责预制构件的机械吊装。要发展高层住宅了，原有简单装配式完全不适应了，必须研发现浇体系了。专家们认为新的现浇体系解决了三个突出的关键问题：**一是解决了吊装设备瓶颈问题**。设备不用进口了，塔吊完全解决了钢筋吊装问题。**二是我们国家有充分的劳动力可以从事建筑业。三是唐山地震刚刚过后，人们有一个概念性的认识，就是现**

浇体系看来比简单装配式更安全，刚度更好。基于这三点，行业里认为应当大力推广现浇体系。从那以后，现浇体系在我们国家基本上大一统了。

应当说，这一体系对我们国家改革开放后城乡建设快速发展做出了突出贡献，这一点是毋庸置疑的。但是从辩证的思维看，它又存在着严重的弊端，归纳大致有五大弊端：

第一是作坊式。把工厂搬到了现场，水平有高有低，钢材水泥相对于工厂化浪费严重，长了切、短了焊，跑冒滴漏。

第二是水资源浪费严重。工厂化水可以循环再生利用，现浇体系则是一次性排放，现场操作大约 $1m^2$ 现浇要消耗 12t 水，我们国家每年城镇竣工超过 40 多亿 m^2，大家可以想象其比工厂化多消耗了多少水。而工厂化装配式是循环再生利用的，平均 $1m^2$ 只消耗约 1t 水。

第三是工地脏乱差。据环保部门的权威监测数据表明，以北方某城市为例，冬春季节城市可吸入颗粒物的主要污染源是建筑工地，当然是 PM_{10} 以上，而不是 $PM_{2.5}$。为什么？现在都是高层和超高层建筑，风一刮各楼层的灰砂全都散落到城市空间里了。

第四是质量通病严重。开裂渗漏一直是投诉最多的问题。

第五是新生代农民工再不愿意从事传统建筑业了。现在到工地上，几乎没有低于 40 岁以下的农民工了，招工难、管理难、质量控制难，劳动力成本大幅飙升。这是一个根本性改变，不以人的意志为转移，推行装配式建筑已经是大势所趋。

2. 辩证看
此装配式非彼装配式

我们是马克思主义者，马克思主义的哲学观点，一是历史唯物主义，二是辩证唯物主义。我们一定要用全面辩证思维看待工厂化装配式建筑，此装配式非彼装配式，它们各有市场细分，各有特点，也各有局限性，各有发展空间。用全面辩证的思维看待装配式建筑，明确什么样的装配式适合我们这个地区、适合我们这个企业，学会用马克思主义的哲学观点指导装配式建筑新发展。

现在我国工厂化装配式建筑的发展思路，大致有三种模式。以作者本人调研过的企业举例说明：**以万科和远大住工等为代表的 PC 装配式模式；以东南网架和中建科工等为代表的钢结构装配式模式；以远大可持续建筑等为代表的全钢结构全装配式模式。**

以万科和远大住工等为代表的钢筋混凝土预制装配式，适合于量大面广的多层中高层办公、住宅建筑，在传统现浇框架或剪力墙基础上侧重于外墙板、内墙板、楼板等的部品化，并延伸至现场装修一体化，部品化率约 40%～50%，成本进一步压缩已接近传统技术成本。三个原因，一是经过 10 年不断的优化，成本又有所下降；二是传统技术劳动力成本飙升，形成剪刀差；三是各省市政府都给了一些优惠政策，包括资金奖励，容积率奖励，能够间接使成本降低约 10%。当前全国最多的是 18～28 层，这个技术可以做到约 5 天一层。现在又涌现出中建科技发展的预制剪力墙 +3 板 PC 结合套筒灌浆技术，以及中建七局研发的预制剪力墙 +3 板 PC 结合"后浇带原理"的板 - 板连结技术的装配式。

以东南网架和中建科工等为代表的钢结构预制装配式，适合于高层超高层办公、宾馆建筑，是在传统现浇核心筒基础上侧重于钢结构部品部件，尽可能多地工厂化，尽可能减少工地安装和焊接量以提高施工效率，并延伸至装修一体化，强调集成化。后一步发展是这种钢结构部品化与 3 板 PC 部品化结合，这样部品化率大幅度提高，并开始推广到住宅建筑上。

以远大可持续建筑等为代表的全钢结构全装配式模式。它适合于高层超高层办公、宾馆、公寓建筑，完全替代传统技术，有效节省钢材 10%～30%，节省混凝土 60%～75%、节水 90%，部品化率约 80%～90%。部品在工厂内一步制作并装修到位，现场快捷安装，高度标准化、集成化使成本比传统技术压缩约 1/4。当下，几十万吨、百万吨标准集装箱船的运输成本很低，可以把全钢预制构件运送到东南亚和欧美市场，这样就可以破解一般装配式运输半径的"瓶颈",可以集装箱运抵并安装,不仅节省时间,成本也大幅度降低,会成为"一带一路"倡议的一项抓手。现在很多"走出去"的企业都很感兴趣,在较短时间可以在境外把建筑装配出来,有其独特的优势。

克劳塞维茨说,**任何思维都是一种能力。**习近平总书记指出,**我们要坚持辩证唯物主义和历史唯物主义世界观和方法论。**

我们于2014年曾做过一些经济对比,发现一些规律。18~28层之间是竞争最激烈的,各种装配式都可以竞争,传统现浇体系也在竞争行列。30~50层的,装配式的成本优势开始明显,层数越高装配式的成本优势越明显,可以采用钢结构装配式或全钢结构全装配式。按工业化思维,可以断言,今后装配式发展随着集约化、工业化、部品化程度更高一定会比现浇体系更便宜也更好,这也是不以人的意志为转移的。

要想推广工厂化装配式建筑的企业,必须靠自己的产品和技术更好、更省、更快。省和快是辩证的,特别是超高层建筑包括三大成本,一是土地成本,二是建安成本,三是资金成本。资金成本要和"快"紧密结合,你越快资金成本越低,所以"省"和"快"是制约工厂化装配式发展的关键所在。

中共中央、国务院2016年印发了《关于进一步加强城市规划建设管理工作的若干意见》,提出了"制定装配式建筑设计、施工和验收规范。完善部品部件标准，实现建筑部品部件工厂化生产。鼓励建筑企业装配式施工、现场装配。建设国家级装配式建筑生产基地。加大政策支持力度，**力争用10年左右时间，使装配式建筑占新建建筑的比例达到30%**"。

作者曾于2014年应原上海现代设计集团邀请，就关于其工厂化装配式建筑发展战略同他们做过一次学术上的探讨。讨论的第一个问题就是认识论问题，在当前不解决认识论的问题，则枉论工厂化装配式。常听到说搞装配式建筑难死了，没有这个啦，没有那个啦，不符合这个啦，不符合那个啦，总之是先有鸡还是先有蛋，推广工厂化装配式的单位几乎全都有一部辛酸史。做设计院工作难，做甲方工作难，做政府工作难。为什么？认识论没解决。第一，中国为什么要发展工厂化装配式建筑？第二，有几种模式，它们各自的市场细分是什么，优势是什么？第三，设计集团为什么要发展工厂化装配式建筑？是行业转型的要求，集团发展战略的要求，优势延伸、增量效应、形成产业链的要求。

上述三种模式要替代传统的现浇体系，必须抓住三个要素：第一要更"好"，第二要更"省"，第三要更"快"。现在是市场经济，市场经济必须符合市场经济的规律。各地都在积极推广工厂化装配式建筑发展，基本上各省市自治区和城市政府都推出了鼓励政策，包括土地、财政资金，税收优惠，建筑面积奖励，行政审批，绿色通道，购房优惠，物流运输保证，工厂化装配式建筑总承包模式和倒逼机制等，大概是 11 大类的政策。

约瑟夫·奈曾说，**在信息时代，真正的赢家是那些会讲故事的国家和组织，美国政府及其企业在这方面做得一直很好**。我们建筑产业要讲好发展装配式建筑的故事。

3. 发展方向
上海为什么引领全国装配式建筑发展方向

全面推广装配式建筑，上海市引领了发展方向。概括上海市政府的主要做法就是倒逼机制＋鼓励和示范，其成功经验就是真明白、真想做、真会做，根本原因就是市委市政府决策领导有把发展装配式建筑这件大事做好的坚定意志。为此，我们于 2017 年对上海市做了专题调研，发表了《上海市引领全国装配式建筑发展的成功经验和根本原因》的调研报告。

各城市人民政府贯彻落实以上文件精神让政策真正落地是装配式建筑发展是否成功的关键所在。

上海市通过政府引导、市场主导，各方主体参与，全面推动装配式建筑发展，在全国处于领先地位。《上海市装配式建筑 2016～2020 年发展规划》提出，"十三五"期间，全市符合条件的新建建筑原则上采用装配式建筑。上海市政府规定，从 2016 年起，外环线以内新建民用建筑应全部采用装配式建筑；外环线以外不少于 50%，并逐年增加。这是目前各地推广政策中要求最高的。上海市将装配式建筑作为提升城市发展品质和建筑业转型升级的重要工作，2016年全市建成装配式建筑1385万 m^2，全市装配式部品部件产能突破1200万 m^2，两项均列全国前列。发展装配式建筑，人民群众得到的最直接的实惠和好处是得房率实实在在提高了（1%~3%），房屋质量比传统技术明显提高了，据上海市的开发企业反映，装配式建筑的报修率比传统技术大幅度降低，开裂渗漏等质量通病问题基本上得到解决。在"倒逼机制"和"奖励机制"共同作用下，开发商由原来的普遍抵触变为积极推广，努力探讨什么样的装配式建筑更好更省更快。设计院不断深化设计能力，研究什么样的装配式建筑更能符合市场需要。施工单位由普遍观望转为主动参与，不断加大技术研发和资金投入，提升装配式建造的水平，向装配式建筑全产业链企业发展。目前，上海建工集团、上海城建、中建八局等单位已成为装配式建筑全产业链的领先企业。部品部件生产企业不断加大投入提升产能，快速拓展装配式建筑市场，积极性空前高涨。上海市及周边城市人民政府都非常重视装配式建筑产业的聚集效应，把装配式产业作为提升本地经济转型和跨越发展的一次契机。

概括地说，上海市的成功经验就是，市委市政府对发展装配式建筑非常坚定。

一是真明白。就是真正明白发展装配式建筑是党中央国务院的重大决策部署，是绿色发展和提升城市发展品质的必然选择。绿色发展是我国新时期重要的发展理念。我国的经济总量主要聚集在城市，要发展绿色经济必然要发展绿色城市，而建筑运行与建造能耗又占全社会总能耗的近一半，因此，发展绿色城市必须发展绿色建筑。客观上讲，我国目前的房屋建造方式，即钢筋混凝土现浇体系，虽对城乡建设快速发展贡献很大，但弊端亦十分突出，已经难以为继，非改不可了，而又好又省又快的装配式建筑就是绿色和低碳建筑的重要方式。上海市委市政府出台文件坚定贯彻党中央国务院文件精神，就是深刻认识到绿色发展是提升城市发展品质的关键，装配式建筑对发展绿色城市和促进经济转型具有突出作用，这种真明白，既有认识论层面的，又有方法论层面的。

二是真想做。就是真正有把发展装配式建筑这件大事做好的决心和坚定意志。上海市的发展决心从在供地面积总量中落实装配式建筑面积的要求不断升级上抓住了"牛鼻子"。从2013年要求不少于20%，到2016年要求全市符合条件的新建建筑原则上采用装配式建筑。4年时间，标准要求不断提高，形成了强大的政策推动力，市场倒逼机制不断加强。在倒逼机制下，政府只需要因势利导落实奖励政策和做好示范引导，其他的就交给市场好了。但是如果政府的发展决心不大，还没有想明白真正想做发展装配式建筑这件大事，就会在各种困难面前却步，由于涉及规划、国土、发改、财税、建设等多个部门，或是几位副市长分管，就可能推诿扯皮，如土地供应上有人不明确对开发商的要求，怎么办？行业里在推广初期反映出的很多问题，如有人说没有标准，有人说不会设计，有人说不会安装，还有人说不会验收等，怎么办？破解这些问题的根本就在于市委市政府发展装配式建筑的决心和坚定意志。上海市委市政府就是通过制定政策加强市场倒逼机制，真正把发展决心落到实处。

三是真会做。就是要找出发展装配式建筑的关键环节，突破关键问题，制定切实有效的措施。上海市在这方面的确做出了表率。一是市委市政府主要领导非常重视装配式建筑发展，由分管副市长召集有关单位成立"上海市绿色建筑发展联席会议"，推动相关政策制定落实和工作协调。二是对应实施装配式建筑的建设项目，在土地出让合同中明确相关要求，保障项目顺利落地。三是出台扶持鼓励政策。如规划奖励、资金补贴、墙材专项基金减免等政策；明确装配式建筑工程项目可以实行分层、分阶段验收；新建装配式商品住宅项目达到一定工程进度可以提前预售。现阶段，最重要和最有效的就是奖励容积率（3%～5%）。四是建立并逐步完善了从设计、构件生产、施工安装到竣工验收的标准规范体系和图集，实施全过程质量监管，保障工程质量。五是充分发挥示范的引领作用，培育骨干企业，不断提高预制构件产能，形成完整的产业链。六是加强人才培育，大力宣传装配式建筑发展成果，营造良好发展氛围。简约地说，上海市大力推动装配式建筑发展突出的就是，抓住"倒逼机制"（牵住"牛鼻子"）和"奖励机制"（给快牛多喂草）及通过示范项目现场观摩引导各方。显然，只有解决了认识论层面的"真明白"的问题，才能破解方法论层面的"真会做"的问题。

毛主席曾说过，**工作成功必须要情况明、决心大、方法对**。要把发展装配式建筑这项重要工作做好，现在看来，根本在于市委市政府的决策领导是否能像毛主席说的那样，是否能像上海市委市政府做的那样，坚定发展装配式建筑的决心，全面完成党中央国务院制定的发展目标。**市委市政府真明白、真想做、真会做是推动装配式建筑发展的成功经验，而决策领导的坚定意志又是成功的根本原因。**我们认为，装配式建筑发展能否在全国全面地"既开花又结果"，还是只在部分地区"既开花又结果"，而在另外部分地区"只开花不结果"，**关键的关键就在于市委市政府的决策者的坚定意志。**

4. 成功范例
发展装配式的成功范例

案例 1：中建七局研发的预制剪力墙 + 预制 3 板结合"后浇带原理"的板 – 板连结技术的装配式体系

2018 年，我们对中建七局创新发展装配式建筑情况做了专题调研，发表了《PC 结构全装配式建筑实现更好更省更快的又一创新成果——对中建七局积极研发推广PC结构全装配式建筑经验的调研》的报告。

PC结构是装配式建筑的重要组成部分，也是量大面广的18~28层建筑的主要结构形式。现有PC结构准确地说是半装配式结构体系。它是基于现浇剪力墙或框架体系，重点解决外墙板、内墙板、楼板等的预制装配式的结构体系。也因此经常受到行业里部分专家的质疑，认为一幢建筑既有现浇体系又有PC体系，施工过程过于复杂，认为是为了装配式而装配式。行业专家普遍认为，装配式建筑必须跨越，从半装配式结构跨越到全装配式结构，且必须适合于量大面广的18~28层建筑并更好更省更快才有生命力。在此基础上，国内已经开始创新推动全装配式PC结构体系（即剪力墙或框架也是预制装配式），但是核心技术多是引进的，没有自主知识产权，且构件连接存在的接缝、灌浆等质量控制难题一直是行业专家学者所担忧的重要问题。中建七局创新研发了具有自主知识产权的装配式环筋扣合混凝土剪力墙结构体系，即"后浇带原理"的板-板连结技术体系。该结构体系通过构件外延环形钢筋扣合，在所形成的芯梁（柱）内置入栓筋后浇筑混凝土形成整体，有效解决了构件传统连接方式存在的就位难、造价高、检测不便、质量不好控制等关键技术问题。

中建七局研发团队对受力机理、设计方法、生产加工、施工工艺等技术层面进行了系统的理论分析、试验研究与工程应用。成功揭示了环筋扣合增强约束与节点域芯梁（柱）三维受力机理，研发了配套的设计技术、构件生产工艺与设备、关键施工技术与装置。截至目前，建成并投产了多个预制构件生产厂，获批国家住宅产业化基地和国家装配式建筑产业化基地3个，并将该体系成功应用于中建观湖国际等项目中。"装配式环筋扣合混凝土剪力墙结构体系"从结构半装配式全面提升至结构全装配式，充分体现出装配式建筑更好更省更快的突出特点。对此，中国工程院肖绪文院士、聂建国院士给予了很高的评价。该体系的特点也集中体现在"好、省、快"上。

好：一是为PC装配式结构技术体系的一次全面提升，从结构半装配式（结构装配化率约40%~50%）全面提升至结构全装配式（结构装配化率可达到70%~80%），是一次重大技术跨越。二是拥有自主知识产权，将极大地推动我国PC装配式建筑发展，展示中国创新实力。三是解决了行业重大关切，消除质量隐患，保证质量（半装配式结构以及部分引进技术的全装配式结构技术在接缝、灌浆等部位和阶段的质量隐患问题）。四是完全等代现浇结构体系，可以实现量大面广的18~28层中高层建筑的8度地震烈度的抗震要求。五是通过提高建筑部品部件工厂化生产比例，极大地提升生产效率，工地用工明显减少，解决了当前施工现场招工难、管理难、质量控制难的重大行业现实问题。但与此同时，部品部件生产车间却明显增加了工人就业。这一减一增，解决了重大经济结构调整问题，符合行业发展的客观现实，不以人的意志为转移。六是能为人民群众带来实实在在的好处，突出在得房率相比现浇体系提升约 3%，让广大住户得到明显的好处，并解决人民群众最为关切的现浇体系开裂渗漏等突出问题。七是积极推行装配式与 EPC 总承包模式的深度结合，通过提前优化设计、缩短工期、节省投资，使装配式进一步实现更好更省更快。八是积极践行装配式与数字建造的融合，部品部件嵌入芯片实现质量可溯，现场智能化施工等。九是为进一步提升成为结构—机电—装修全装配式体系留有创新发展空间。

省：以中建观湖国际（图 2.1）14 号楼和 13 号楼为例，综合考虑郑州市政府有关资金奖励和容积率奖励政策等各方面因素核算，经比较，该体系比现浇体系相当于每平方米可为建设方节省造价约 230 元，即推广装配式建筑，开发商不但不会多花钱，还会由于有政府奖励政策而多省钱，充分彰显了该体系的经济优势（由于装配式建筑使工期缩短而降低资金成本部分尚未纳入核算）。

快：以中建观湖国际 14 号楼和 13 号楼为例，采用该结构体系，比现浇体系节省工期 9 个月建成，总工期缩短约 40%。工期的大幅度缩短，必将为开发企业有效降低资金成本带来实在好处。

习近平总书记指出，**绿色循环低碳发展，是当今时代科技革命和产业变革的方向，是最有前途的发展领域。我国在这方面潜力巨大，可以形成很多新的经济增长点。**

该体系已经从科学论证阶段上升至工程试点示范阶段，又从工程试点示范阶段推广至商业示范阶段。示范工程的经验充分表明，该体系已经从PC结构半装配式体系跨越提升为PC结构全装配式体系，结构装配化率达到约70%~80%，是一次重大突破。现该体系正在从全结构体系装配式继续创新发展上升为结构—机电—装修全装配式，具有重要的推广价值。

图2.1 郑州中建观湖国际项目

案例2：东南网架研发的钢结构装配式+3板PC装配式+机电装修装配式体系

2014年，作者对东南网架创新发展装配式情况做了专题调研，发表了《钢结构工厂化装配式结合绿色建筑和现场装修一体化的集成创新实践——对东南网架发展钢结构工厂化装配式建筑情况的调研》的报告。

杭州市转塘公租房项目，位于杭州市西湖区转塘单元。该项目总用地面积为 24426m², 总建筑面积为 91837m², 建筑高度约 60m, 项目总共 839 户, 主要户型 50～70m²。

杭州市转塘公租房示范项目采用的是钢结构装配式与 3 板 PC 装配式有机结合的结构体系, 从结构装配式全面提升至结构—机电—装修全装配式, 从技术上讲是一次重大跨越, 充分体现出装配式建筑更好更省更快的突出特点, 具有行业的重要引领示范带动作用, 值得学习推广。其特点集中体现在 "好、省、快" 上。

好: 一是实现结构—机电—装饰装修全装配化, 综合装配化率达到 82.33%; 二是相比现浇体系实现节水约 62%, 节省混凝土约 37%, 节省工期 20%, 减排约 30%, 实现了 "六节一环保"（节能、节地、节水、节材、节省时间、节省成本、环境保护）, 符合循环经济理念; 三是通过提高建筑部品部件工厂化生产比例, 极大提升生产效率, **现场施工节省人工约 40%**（但与此同时, 部品部件**生产车间却增加人工约 20%**, 这符合行业发展的客观现实, 新生代农民工再也不愿意从事传统建筑业了, 招工难、管理难、质量控制难）, 提高质量, 实现转型升级, 适应行业发展的大趋势; 四是为人民群众带来了实实在在的好处, 得房率相比现浇体系提升约 4.2%（相当于每户居民多得 2～3m² 使用面积）, 另外解决了人民群众最为关切的开裂渗漏问题。

省: 该示范项目直接建造成本比现浇体系每平方米

大幅度降低。综合考虑该结构体系荷重减轻且桩基减少、杭州市政府有关资金奖励和容积率奖励政策、工期缩短资金成本降低等各方面因素核算,经比较,该体系比现浇体系相当于每平方米可为建设方节省造价 650 元,同比预制 PC 体系每平方米也可以实际节省造价 210 元(约 9.5%)。充分彰显了该体系全装配化的经济优势,必将引起各方面的广泛关注。

快:对本示范工程,该体系建造工期(包括结构、机电、装饰装修)与现浇体系的综合全面对比,每层可节省工期 7.5 天,总工期缩短约 25%。同比预制 PC 体系每层节省约 3 天。效率即效益,工期的大幅度缩短,必将为开发企业有效降低资金成本带来实在好处。

综上,杭州市转塘公租房示范项目(图 2.2)的经验说明,装配式建筑要取代现浇体系必须更好、更省、更快,这也是不以人的意志为转移的。示范表明,钢结构装配式 +3 板 PC 装配式体系,且实现结构、机电、装修全装配式,是钢结构装配式或 PC 装配式的一次结合与跨越,是装配式建筑实现全装配化的一次全面提升,应予以关注。

图 2.2 杭州市转塘公租房项目

案例3：远大科技集团研发全钢结构全装配式建筑情况

2014~2015年，作者曾多次到远大科技集团深入调研其创新发展全钢结构全装配式建筑情况，发表了《建筑业转型发展的深刻变革——对远大工厂化可持续建筑情况的调研》的报告。

远大致力于发展全钢结构全装配式建筑（远大称之为可持续建筑），已在国内外产生广泛深远影响。全国超限高层建筑专家委员会于2014年4月正式通过了"长沙天空城市主楼超限高层建筑工程抗震设防专项审查"，认为该主楼结构初步设计的抗震设防标准正确，抗震性能目标基本合理，抗震设防审查的结论为"通过"。这充分表明，远大可持续建筑以全钢结构预制装配式并装修装配式替代现行现浇钢筋混凝土核心筒+传统钢结构技术，进而实现工厂化装配式的高层超高层建筑新的重大技术路径是成功的、安全的。57层"小天空城市"项目仅用19天就建成，在国内外产生广泛影响，据说其新闻视频点击率达到了3亿~5亿人次。

为破除传统技术的五大弊端，行业专家和一些单位一直在不懈地推进装配式建筑发展。经过近十年的艰苦努力，已经取得突破性进展，并开始处于世界领先地位。归纳起来有如前述的三种模式，各有市场需求也各具特色。其中以远大可持续建筑等为代表的全钢结构预制装配式，适合于高层超高层办公、宾馆、公寓建筑，完全替代传统技术，有效节省钢材、混凝土、水用量，部品化率约80%～90%，部品在工厂内一步制作并装修到位，现场快捷安装，高度标准化集成化使成本比传统技术压缩1/4，可以做到每天1～2层。

可持续建筑理念是由经合组织(OECD)率先提出的，即最少的资源利用、最少的能源消耗和最少的污染排放"三原则"。概括地说，远大可持续建筑就是钢结构预制装配式并装修的"六节一环保"（节能、节地、节水、节材、节省时间、节省成本、环境保护）建筑，符合循环经济理念，又好又省又快，从粗放的建筑业向高端制造业转变，是建筑业转型发展的一场深刻变革。

重大创新：

一是既运行节能又建造节能

远大可持续建筑适合于我国三个不同气候区的高层超高层建筑。由于采用高效保温墙体、三或四层玻璃窗、新风热回收、冷热电联产、电梯刹车发电等20多项先进节能技术，其运行（包括采暖、制冷、新风）节能效果完全符合我国建筑节能标准并大大领先。示范表明，远大可持续建筑运行节能达到80%以上（大大高于节能先进国家和地区如德国慕尼黑的水平）。

可持续建筑的主体结构为钢结构，可循环利用，同样高度高层超高层建筑每平方米建筑用钢量比按传统技术已建在建的建筑（如深圳平安、上海环球、北京国贸三期、长沙国际金融中心等）低约10%～30%；同时还减少混凝土用量约 60%～75%；解决了现浇体系开裂渗漏通病问题；现场大大减少了钢筋、水泥的浪费，极大地减少了施工用水（现浇体系用水约 12t/m^2，可持续建筑可节水 90%），环境得到根本性改善。只有同时实现运行节能+建造节能，才是真正实现建筑业转型发展。

二是既部品化又集成化

建筑业转型发展关键在于建筑工业化、部品化、产业化。远大可持续建筑的最大特点就在于钢结构基础上实现既部品化又集成化，集设计、施工、装修、机电等于一体。所有建造过程都通过梁、板、柱、墙、窗的整体合一的部品安装来实现，80%～90%的工作量在车间内组装完成，彻底改变了传统技术的施工精度低、材料浪费严重、现场脏乱差、混凝土养护周期长制约施工进度、拆除后成为建筑垃圾等现状。确切地说，目前在自主知识产权装配式技术中，远大可持续的钢结构工厂化装配式建筑是真正意义上的完全的部品化装配式建筑之一。

当前我国传统建筑业面临一个突出的转型压力，即建筑劳务用工紧张。据业内人士介绍，现有建筑工地用工的最低年龄基本上都在 40 岁以上，新生代农民工再不愿像父辈一样从事传统建筑业了。招工难、管理难、质量控制难，劳动力成本大幅上升，建筑业已经到了非改不可的时候。而工厂化装配式建筑正在促进形成新型建筑产业大军。

三是既高效率又低成本

由于采用集约节约的部品化技术路径，远大可持续建筑的建造速度惊人，一幢30层的酒店从建造到入住仅需15天，一幢57层的综合办公、宾馆、公寓建筑19天就建成。这比采用传统技术的上海中心（121层）、广州国际金融中心（西塔，103层）、上海环球金融中心（101层）、深圳京基金融大厦（100层）、南京紫峰大厦（89层）平均7.5天/层提高效率6倍。另据与采用传统技术已建的20~70层高层建筑对比，同等高度的可持续建筑可提高效率约10倍。为什么如此之"快"：一是按传统技术混凝土工程要绑扎钢筋、支模、浇筑、养护、拆模，每层要7天左右，而钢结构工厂化装配式仅需现场螺栓连接+必要焊接，可以每天1~2层；二是实现80%~90%部品化率，现场施工量大大减少；三是装修与部品化同步在车间完成，省去现场装修工期。这种建造速度令世界震惊，国际著名媒体都有广泛报道，国内许多省市领导和企业家一直紧密跟踪调研，另有100多个国家600多个团组前来参观学习洽谈合作。当年柯布西耶惊叹福特第一条汽车生产线时曾梦想像造汽车一样造房子，今天这一梦想将实现。

可持续建筑集设计、施工、装修、机电于一体，属于典型的设计施工总承包模式，有利于优化设计、缩短工期、节省投资。经与国内已建在建最高建筑（89~121层）比（图2.3），如采用远大可持续建筑将节省 1/4，集约节约的效益十分可观。另据与采用传统技术已建在建的 30~70 层高层建筑对比，"小天空城市"节省约 1/5 以上，与已建在建的 18~28 层高层中高层比目前节省近 1/6（图 2.4）。为什么如此之"省"：一是安装效率大大提高，周期大大缩短（传统技术建造 100 层左右高层上部结构主体一般周期约为 2~3 年，而工厂化装配式可持续建筑仅需约 3 个月），资金成本大大降低；二是部品化集约化，著名品牌商均积极加入远大产业链，成为 OEM 供应商，价格显著降低；三是设计施工总承包，优化设计、缩短工期、节省投资。"一减一加"使开发建设单位看到了建筑业发展新的巨大潜力。

四是既变革技术路径又变革市场模式

可持续建筑采用的技术路径是在钢结构基础上的部品化集成化，实现近似标准集装箱式运输，海运成本大幅度降低，破解了装配式建筑运输半径的瓶颈，将会成为"一带一路"倡议的一项重要抓手。其最为突出的体现在于"快速""集成"特点，是建造技术路径的一场深刻变革。

远大可持续建筑实现"少花钱，买成品，买精品"，已经客观上形成了建筑市场新的模式，即建设方只对应一个集设计、施工、装修、机电于一体的总包方，"一口价"买成品买精品。最令建设单位关注的就是建筑成本清晰可控。

第二章 转型升级 ◆

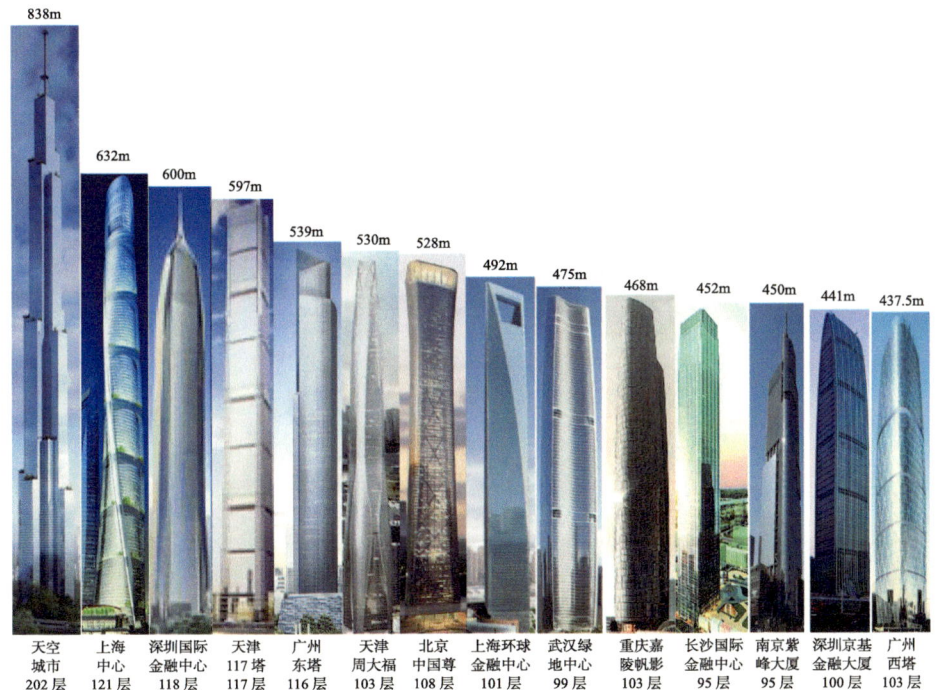

图 2.3 国内已建在建最高的采用传统钢筋混凝土核心筒 +
钢结构技术的超高层建筑（89 ～ 121 层）

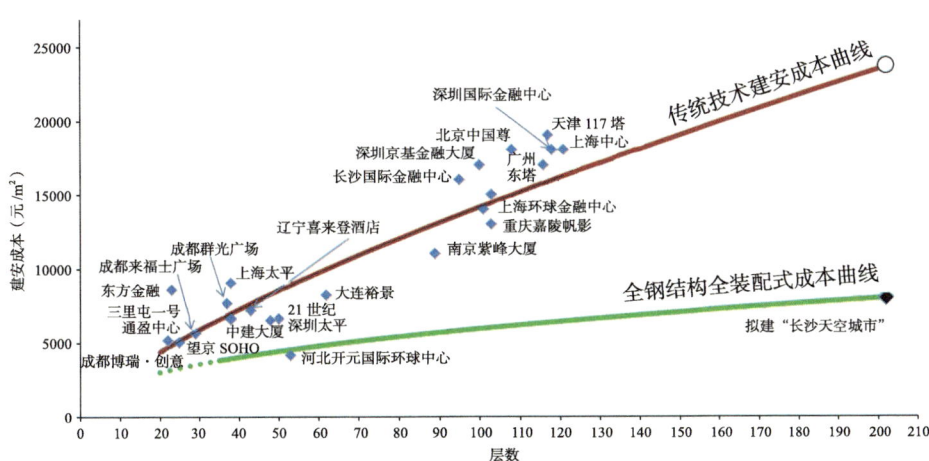

图 2.4 全钢结构全装配式与传统技术高层超高层建筑的层数 – 建安成本
对照分析曲线

051

客观评价

湖南是创新的热土，既打造了远大住工钢筋混凝土预制装配式模式，适用于 18～28 层及以下量大面广的多层中高层办公、住宅建筑；又培育了远大可建钢结构预制装配式模式，适用于 18～28 层及以上高层超高层办公、宾馆、公寓建筑。

先行先试氛围与敢为天下先精神结合

违规与创新往往只有一线之隔。湖南省特有的先行先试氛围与远大集团秉持敢为天下先的精神，客观上形成了近乎完美的辩证结合，破解了"先有鸡"和"先有蛋"悖论之争，使得远大可持续建筑克服重重困难取得了今天的初步成效。省市政府鼓励远大先行先试，对远大厂区内自建自用的中试项目鼓励大胆尝试。远大集团从小试到中试，不断探索，先后建设了 27 幢（约 42 万 m^2）可持续建筑示范，从住宅建筑到公共建筑，不断改进完善，包括在上海世博会上的展示项目和在墨西哥坎昆世界气候大会上的展示项目。

严格按程序报建

"小天空城市"项目是既有科技示范性质又有商业开发性质的项目，与大多数建筑项目一样，如果按严格意义上讲，都难免有这样那样的违规之处。项目所在地经开区政府给予了特别关注和扶持，一方面对涉及公共安全的要件审批是非常严肃的，毫不含糊，如土地、规划、超限、消防、航评等；另一方面在满足安全条件下仅从技术创新要求上同意建（示范），但所有手续完备前不办理预售（这对商业地产项目是致命的）。总体上说，地方政府是在坚持原则的前提下，部分有条件地支持了该示范建设。我们理解，这种监管方式是应对如此高效技术被迫的"聪明"（smart）和"灵活"（flexible）之举、创新之举，不必严苛指责。领导同志和行业内人士一直关注远大可持续建筑发展的三个核心问题，一是安全问题（完全符合国家现行规范）；二是报建问题（严格按程序报建）；三是经济可行性问题（正加大推广力度）。

高度关注"六节一环保"效果

通过集成化应用先进节能技术，建筑运行（包括采暖、制冷、新风）节能效果高于我国建筑节能标准并处于世界领先地位；与传统技术比，其更加节省钢材、混凝土、水；解决了现浇体系的技术通病问题；环境根本性改善；建造速度提高；采用新风系统，室内空气品质有效改善；抗震、抗风、消防完全满足国家规范要求。取得以上成效，所采用的全都是国内外非常成熟的技术，关键是工厂化装配式，彻底改变了传统建筑技术的弊端。示范表明，可持续建筑建造成本大大低于传统技术。正如全国人大代表、陕西西咸新区党委书记王军同志调研后所感慨的"这彻底改变了人们普遍存在的误解，认为建筑节能肯定要多花钱。采用技术集成，不但没有多花钱，而且会降低成本，产生显著的经济效益。这充分证明，建筑节能技术集成应用不但具有技术可行性，而且具有经济可行性，极具推广价值"。

下一步工作建议：

对远大科技集团的建议

世界创新历史表明，颠覆性创新往往是由体系外机构实现的，其无知无畏，反而能够打破常规，但也为此承受重重压力。我们调研中了解到，所有推广单位都曾遭遇过多方面的阻力，包括审批部门、建设、设计、施工总包方等的阻力。随着技术日臻成熟，改革深入，反腐力度加大，现在大家普遍反映，推广形势越来越好，市场需求越来越大，工厂化装配式建筑恰逢其时。对远大科技集团历经7年研发、27项示范、投入20多亿，迫切希望在"小天空城市"示范项目（图2.5）上展示创新成果，这当然是可以理解的。尽管如此，还是应当总结并吸取在审批程序上的经验和教训，既要推动改革，又要主动适应现行建筑市场要求，同时还要学会讲好创新故事。

对地方政府的建议

对于各地主管部门而言，一方面应大力推广工厂化装配式建筑，鼓励更多的开发建设单位采用这些技术创新。另一方面应学习广州经验加快行政审批制度改革。本轮改革从本质上讲就是政府与市场关系的改革。应结合工厂化装配式建筑特点，适时推动设计施工总承包市场模式改革，简化审批程序。

关于以上内容的视频

图 2.5　长沙"小天空城市"项目

对行业的建议

外行看热闹,内行看门道。对于行业而言,如何客观、公正、理性地看待行业重大技术创新,如何将注意力和讨论的焦点集中于创新本身很重要。应突出围绕该创新到底好不好(节能环保)、省不省(降低成本)、快不快(缩短工期)以及为什么好、省、快上。

对领导同志的建议

对于各级领导同志来说,应当学习湖南省、长沙市、经开区主要领导同志对自主知识产权重大技术创新包容的胸怀和长远的战略思考。建议把远大工厂化可持续建筑和"小天空城市"示范项目作为改革创新的一个切入点，举一反三。要特别提示，毛主席说"**没有调查就没有发言权**"，作为领导同志在没有调研（亲身调研更好）前，最好不要急于下评价，可以先不必说这一创新如何好，但千万不要轻率地先说它如何不好，不能像列宁所批评的"**把洗澡水和孩子一起泼掉**"。

综上，可持续建筑的确是建筑业转型发展的一场深刻变革，必将产生广泛而深远的影响。

作者将以上调研报告摘要专题呈报时任中共中央政治局常委、全国政协主席俞正声同志，俞正声主席为此做出重要批示，对报告给予肯定。

补叙：对远大研发全钢结构全装配式调研的补充

远大科技集团董事长张跃是极具颠覆性创新思维的人，也是极具挑战精神的企业家。远大研发"非电中央空调系统"的成功经验就在于颠覆性创新。我听远大的同志说，当年远大把非电中央空调卖到全世界，阻力重重，举步维艰，张跃就问哪个国家的市场最难进，人们告诉他是美国，只要美国市场打开了，欧盟、海湾、东南亚等市场就不在话下。他坚定地说，一定要打开美国市场，结果终于如愿以偿，其中央空调销往了全世界，当然这中间的艰辛只有远大的同志知道。发展全钢结构全装配式（远大同志称之为"可持续建筑"），张跃又选择了颠覆性创新，一是一定要全装配式（结构、机电、装修全装配式，这可是在 2013 年）；二是一定要工业化思维，一定要让超高层建筑成本颠覆性下降；三是一定要建一幢世界第一高的全钢结构全装配式，即"长沙天空城市"（838m，202层），比当时世界第一高的哈利法塔高出10m。张跃就是想告知业界，世界第一高楼都可以用全钢结构全装配式，那么一般建筑一定可以；世界第一高楼用全钢结构全装配式都可以更好、更省、更快，那么一般建筑也一定可以，这就是他颠覆性创新的逻辑性所在。这在当时是极具挑战性的，很多行业人士深表怀疑，认为是炒作，甚至说是骗局。作为工业企业家，尽管有气魄有恒心，但必须有建筑行业专家来帮助。

娄宇大师（中国电子工程设计院院长）也是一位极具挑战精神的人，他有志把全钢结构全装配式超高层建筑发展起来，他们的合作难能可贵。实事求是地说，娄大师做出了突出贡献，世界第一高的全钢结构全装配式建筑的结构设计方案仅仅不到一年的时间就正式通过了"全国超限评审专家委员会"的评审，具备了开工条件，这实在是了不起的重大突破。

这个时候，"长沙天空城市"的投资就成为主要问题了，尽管远大自身准备了一半的投资（约101层的建设资金），仍有101层的资金需要投资人。哈利法塔项目的成功之道是，投资大楼本身难以短期回报，但依靠世界第一高的名气带动周边土地升值可以取得中短期投资回报，综合效益尚可。"长沙天空城市"要重复哈利法塔的经验，投资人都极为谨慎，据说只有一位著名大企业家看好，提出要上部的101层，但条件也极为苛刻，内部装修标准要重来。远大的方案是简约型风格，根本达不到对方要求的豪华五星级酒店的装修标准。很遗憾最终双方没有合作成功。远大遂不得已另择地先建"小天空城市"，即101层。但由于该地块航域限高的原因，远大用自有资金只建成了一幢57层的"小天空城市"，平均每天建3层，也产生了一定的轰动效应，但是完全没有达到张跃的颠覆性创新的初衷。

后来，王石退休后任远大科技集团联席董事长，张跃+娄宇+王石，如果仍力主发展全钢结构全装配式，我充分相信，肯定会成功。但再想建成世界第一高，已经错失了大好时机。据说，现在远大已经调整创新思路，尽管远大为全钢结构全装配式已经投入了20多亿，但他们对渐进式创新不屑一顾，开始着手发展芯板材料全装配式建筑了，其颠覆性创新点可能在于芯板材料了，对此我就了解不多。

远大的创新发展之路从未停止过，作为张跃总的好朋友，我感觉我是能读懂他的为数不多的建筑产业的几位同志之一，在很多情况下借助我的工作阅历和经验，可以帮助他起到"翻译"的作用，讲好远大科技创新的故事，让领导同志、行业专家学者等能听明白。他们特别邀请我参加了向湖南省委书记杜家毫同志（时任省长）和省委常委、长沙市委书记胡衡华同志（时任市长）两次汇报会专题汇报全钢结构全装配式发展情况。应当说，湖南省委省政府、长沙市委市政府对远大科技集团的重大科技创新是真诚关怀和鼎力支持的。

案例4：哈工大研发砌体装配式建筑情况

2013年，作者对哈工大创新发展砌体结构装配式情况做了专题调研，发表了《新型建材＋保温技术＋装配式建造的重大创新将是建筑/建材业转型发展的又一深刻变革——对装配式砌体建筑发展情况的调研》的报告。

哈工大王凤来教授率产学研攻关团队，长期致力于新型建材＋保温技术＋装配式建造综合应用技术的研发与推广。通过综合应用技术的重大创新，既突破了普通砌块墙体推广中的技术瓶颈，又消除了现有外保温技术耐久性不足的弊端，还实现了砌体结构向装配式建筑的跨越，一举三得。从而大大提高了新型建材应用效率和效益，达到绿色建筑"四节一环保"（节能、节地、节水、节材、环境保护）的全部内涵要求，并引申至节省工期、节省投资，进而实现了"六节一环保"。该成果将引领全国新型建材砌体结构的发展方向，可有效推广新型建材应用，节约耕地，符合循环经济的理念，又好又省又快，是建筑/建材业转型发展中的又一场深刻变革。

一是突破了普通砌块墙体推广中的技术瓶颈。我国从2000年开始推行"禁实""限黏"政策，效果一直不理想，未取得实质性进展。经历14年，黏土标准砖年产量仅仅从 2001 年的约 6000 亿块减至 2013 年的约 4200 亿块（摘自中国砖瓦工业协会秘书长田延平的文章），每年仍在毁坏耕地约 50 万亩，烧砖用煤约 5000 万 t，排放 CO_2 约 1.3 亿 t。原因何在？市场经济条件下，产业技术创新无论具有多大的社会效益、多高的道德制高点，甚至多严厉的处罚措施，要想取代传统技术，就必须更好更省更快。普通砌块墙体推广中的最大瓶颈就是收缩、开裂、渗漏通病问题严重，设计施工单位不愿用、开发商不敢用、用户投诉问题突出。从技术层面分析，原因很简单，由于市场恶性竞争压级压价，砌体多未达到养护或材质标准；从体制层面分析，普通砌块基本上都是从供应方推广，企业多为中小规模，难以从需求方（建筑行业）考虑问题，加之建材行业行政体制弱化，统筹协调乏力，使"禁实""限黏"进入了悖论的怪圈，长期徘徊不前。

本项成果由于精细化地采用空心砌块砌筑，并在孔芯内布置纵向钢筋再灌注混凝土，上下砌块间布置横向钢筋，砌筑成整片墙体部品，不用模板，无需养护，从而完全消除了普通砌块墙体收缩、开裂、渗漏通病。关键是结合了配筋混凝土技术，砌块孔芯 100% 配筋浇筑混凝土。该工艺具有构造简单、受力合理、操作便捷、质量受控的特点。既保留普通砌块技术就地取材、成本低廉、废物利用的优点，又兼具钢筋混凝土技术强度高、延性好的特征。

二是消除了现有外保温技术耐久性不足的弊端。建筑节能是国家三大节能战略的重要组成部分，比重最大（建筑运行+建造能耗约占全社会总能耗的近50%），贡献最大（仅一项外保温技术就可以实现运行节能50%~65%），效果最显著（推广7~8年，现在每年新建建筑运行节能约1亿t标准煤，减排近3亿t CO_2）。但任何事物都有两面性，现行最有效的外保温技术亦有很大弊端，即耐久性问题。理论上25~30年的使用周期往往很难保证，开裂、脱落时有发生，防火、防撞性能非常脆弱。很多专家担心，外保温技术或将成为今后政府管理中潜在的巨大隐患，届时将不仅仅是技术问题，也是政策问题，甚至是社会问题。

装配式砌块墙体结合"三明治"夹心保温技术具有防火、防撞特性，还有通气、排湿功能，破除了外保温技术耐久性不足（开裂、脱落）弊端，改进了普通"三明治"墙冷桥多、预留空气层功能难实现问题。在应用于屋面防护时还有效地解决了严寒、寒冷地区初春昼夜温差雪水冻融造成防水层损坏引起房屋渗漏需要周期性维修问题。示范结果表明，该成果可以完全满足严寒、寒冷地区建筑节能65%的要求，耐久、防火、安全并美观。

三是实现了砌体结构向装配式建筑的跨越。传统的钢筋混凝土现浇体系存在五大弊端：钢材水泥浪费严重、用水量过大、现场脏乱差、开裂渗漏问题突出、劳动力成本飙升（招工难、管理难、质量控制难）。普通砌块墙体仍属传统技术。而装配式砌块墙体则改变了传统施工方式，技术工人经专业培训，在现场地面专门负责将砌块标准化地制成装配式墙体部品，再经吊装设备安装就位，从而实现了砌筑结构向装配式建筑部品部件的跨越。简单地说就是"地面集中砌筑，楼面整体安装"，在成功解决了普通砌块墙体极易出现的开裂渗漏通病后，又大大提高了施工效率，实现了墙体部品化，向建筑工业化迈进了一步。该成果还成功地应用BIM技术，工厂内实现机械化按序分拣、码放，现场地面技术工人操作专用机械按编号标准化制作墙体部品，效率大幅度提高。

该成果从20世纪90年代开始试点，近10年广泛开展了80项约1000万m^2示范，其中哈尔滨科盛科技大厦项目（图2.6）为28层98.8m。示范表明，该成果完全适用于30层及以下高层中高层多层办公、住宅、商业建筑。以住宅为例，与传统的钢筋混凝土现浇体系+普通砌块墙体同比，建安成本降低10%~20%，用钢量减少30%~40%，模板用量减少60%~70%，墙面抹灰量减少60%~80%，增加有效使用面积3%~8%，缩短工期25%~35%。现场用工量减少20%~30%。

综上，新型建材+保温技术+装配式建造的重大创新，突显了三方面成果，突破了普通砌块墙体推广中的技术瓶颈，消除了现有外保温技术耐久性不足的弊端，实现了砌体结构向装配式建筑的跨越，的确是房屋建筑/

图 2.6　哈尔滨科盛科技大厦项目

建材业转型发展的一场深刻变革，符合循环经济理念，又好又省又快，实现"六节一环保"，具有十分广阔的应用前景。如果全面推广，将会有效地推动新型建材和"禁实""限黏"工作。如按偏于保守的测算，三北地区和冬冷夏热地区能有约 1/5 的新建建筑（约 3 亿 m^2）推广应用该成果，就可以实现每年节省建安成本 320 亿，建筑运行节能 450 万 t 标煤，节省建造用钢约 400 万 t、混凝土 5000 万 t，保护耕地近 7 万亩（以上合计每年节能约 1600 万 t 标煤，减排 4300 万 t CO_2），消纳尾矿石屑等 2400 万 t，可以重新带动新型建材产业发展（约 1000 家建材企业将受益），促进 300 万产业工人就业。

通过多次较为深入的调研，我们谨提出以下工作建议：一是率先在黑龙江省全面推广，建议专门制定鼓励办法或综合新型建材、装配式建筑、节能减排的各项政策专项扶持并系统地向城市主管部门及开发、设计、施工单位推介；二是由点到面，为在全国三北地区、冬冷夏热地区开展示范创造条件；三是促进有关省区市推广应用该项成果，研究在当地全面享受新型建材、装配式建筑、节能减排各项政策的综合支持；四是成果单位要进一步完善技术，努力实现标准化，积极编制相应的标准规范。

哈工大王凤来教授的研发团队与中国电建集团合作采用以上方案，近期在沙特政府保障房项目上中标，获准10年内在沙特建设130万套保障房（图2.7），首批1800套约20万 m^2 保障房已经启动建设，这是沙特政府经过多种方案（包括PC、钢构）比较后慎重选择的，认为该方案在当地实际条件下最优，更好更省更快，这也是采用中国标准建造的又一成功范例。

图2.7 沙特政府保障房项目

5. 争议
如何看待发展装配式建筑中的争议

针对行业内对于发展装配式建筑的激烈争议，2018年，作者向住房和城乡建设部主要领导同志专呈签报，请部党组高度重视。

中共中央、国务院《关于进一步加强城市规划建设管理工作的若干意见》和国办《关于大力发展装配式建筑的指导意见》形成了强大的推动力，全国装配式建筑发展进入了崭新的阶段。以上海市为代表的一大批城市通过**政府引导、市场主导、各方主体参与，全面推进装配式建筑发展**，走在了全国前列。与此同时，不容回避的是目前行业内充斥着一些关于装配式建筑发展的质疑，**一是担心装配式建筑抗震性能不好；二是认为项目管理过于复杂，既有现浇，又有装配，是为了装配式而装配式；三是现阶段装配式建筑并没有充分体现现场更文明，速度更快，成本更低**。以上三种质疑在行业内发酵，不但严重影响了装配式建筑发展，而且极有可能会把一个装配式建筑发展的重大技术性争论引申演变成为一个政策性问题。《让装配式建筑去死吧》和《让无知去死——装配式建筑不会死！》这两篇文章是两种观点的集中代表。

有关部门曾经在重大技术问题上出现过失误。例如，2003 年 SARS 初期，基于受污染的样本而作出了错误判断，误认为可防可控，结果造成了国家和人民群众的重大损失，在国际上也造成了非常严重的影响。还有关于PM$_{2.5}$的标准是否应当在我国推广曾争执不下，不能及时作出判断，造成我国政府在国际上的被动，引发人民群众不满。在这些重大技术问题上，相关部门若不能及时、准确、权威地作出判断和回应，会引发人民群众不满，造成非常被动的局面。

当前，装配式建筑发展中的重大技术性争论应尽快解决，以免引申演变为类似的问题。由此，建议主管部门和权威专家高度重视装配式建筑发展中的争论问题，着重解决以下三种质疑。

一是装配式建筑抗震性能到底有没有问题。首先应当用全面辩证思维分析，有不同的装配式，如PC、钢结构装配式。此装配式非彼装配式。质疑的同志也承认钢结构装配式没有影响。如杭州转塘公租房项目示范采用钢结构+3板装配式，实现了更好更省更快。所谓有影响的是PC装配式，而现阶段的PC装配式又是基于现浇框架或框剪体系结合3板的装配式，只是担心在3板的连接灌浆部分会出问题，造成抗震性能减弱或是丧失。这到底是一个技术问题还是一个监管问题，我个人倾向于认为是一个监管问题，因为现有PC技术是满足现行抗震规范要求的。如果监管不到位，质量控制不好，有可能会影响抗震性能，那就是如何加强现场、行业监管的问题。所以应当用马克思主义的全面辩证思维来分析，不能一概而论，说整个装配式技术有问题。

二是关于装配式施工现场更复杂的问题。的确，现阶段 PC 是基于现浇框架或框剪的，一栋建筑既有现浇又有装配，确实复杂，这是一个不争的事实，所以多数有这种质疑的同志是建筑业的工程技术人员。据了解，中建七局创新研发了具有自主知识产权的环筋扣合装配式混凝土剪力墙结构体系，即预制剪力墙+3 板 PC 结合"后浇带原理"的连结技术体系。示范表明，该体系有效解决了构件传统连接方式存在的就位难、造价高、检测不便、质量不好控制等关键技术问题，是 PC 装配式技术体系的一次全面提升，从结构半装配式提升至结构全装配式，效率提高 40%。

三是由于现行 PC 既有现浇又有装配，施工更复杂，工期更长，造价更高的问题。这应当是在决定大力推广装配式之时就充分考虑的，而不是才发现的问题。在政府引导、市场主导、企业参与的发展形势和强烈的倒逼机制下，装配式建筑参与各方都在紧盯市场需求，积极研究创新什么样的装配式建筑更好更省更快。地方政府不断加大政策扶持力度，特别是奖励容积率政策，达到了"四两拨千斤"的效果，可以破除当前阶段推广装配式建筑的成本障碍。再结合采用设计施工总承包模式和 BIM 技术，PC 推广成本与传统技术成本相比，可以做到基本持平甚至略有优势。随着市场规模的不断扩大，PC 的成本还会进一步降低，推广优势会越来越明显。当然，在推广 PC 过程中对开发商和设计院等在选型上也要引导并适当限制，否则过分个性化的平面布置不利于PC的标准化、集约化，势必增加模具成本，从而提高总体成本。

综上，作者认为装配式建筑发展，包括PC，如果确实存在重大技术问题，影响抗震，罔顾人民群众生命安全，那么这种装配式是否发展就有待商榷了。而如果不是技术问题，仅仅是监管问题，那就应当就监管说监管，比如开展全国性的PC质量排查活动，发现问题，总结经验，提出改进办法。关于现场管理更复杂，工期更长的问题，只能通过更广泛更大规模的推广，让装配式建筑产生规模效益，真正形成全装配式建筑（结构、机电、装修全装配式），全装配式PC（框架或剪力墙、构件全装配式），问题才能解决。上海市政府规定，外环以内新开工项目要100%采用装配式，外环以外50%装配式并逐年递增。我认为他们是想加大倒逼机制，尽早突破，这是一个方向。上海的经验表明，装配式建筑可以增加得房率，有效消除开裂渗漏问题，让人民群众得到实实在在的好处。上海的突出经验在于抓好倒逼机制和现场观摩两项工作，实践证明，观摩最为有效，可以让行业教育行业，充分体现出上海市领导在推广装配式建筑上真明白、真想干、真会干。

住房和城乡建设部以往推广重大技术发展，都特别注重专家领衔，集中包括院士、三大家（中国建筑科学研究院、中国建筑设计研究院、中国建筑总公司）专家和四高校（清华大学、同济大学、哈尔滨工业大学、重庆大学）专家等共同推动，专业的事让专业的人干。现在行业里充斥各种质疑，还是应当请专家解疑，权威释惑。肖绪文院士表示，赞成发展装配式建筑（包括PC），但要高度重视推进过程中的问题。

归根结底，方法论上要回答，到底是技术问题还是监管问题；认识论上要回答，我国为什么要发展装配式建筑，对人民群众有什么好处，都有什么样的装配式建筑和如何发展好装配式建筑等基本问题。

6."四个问题"
要回答好发展装配式建筑的"四个问题"

对于装配式建筑的发展，建筑业企业家要回答好四个问题。第一，你到底要不要发展装配式？第二，你准备发展什么样的装配式？有PC装配式、钢结构装配式、全钢结构全装配式，即使是PC，又有PC1.0版（即现浇剪力墙+3板PC结合套筒灌浆技术）、2.0版（即预制剪力墙+3板PC结合套筒灌浆技术）、3.0版（即预制剪力墙+3板PC结合"后浇带原理"的连结技术）。第三，你准备以哪个城市为中心发展装配式，装配式是有运输半径的，PC的运输半径也就是150~300km，钢结构的运输半径约300~500km，全钢结构全装配式的运输半径大致500~800km，任何企业都不可能包打天下，只能是抢抓重点城市，下围棋抢点。现在大家都在抢点布局。第四，怎样更好地发展装配式？现在很多城市政府很积极，希望你把装配式生产基地落到他那个城市来，以增加该城市的GDP、税收和劳动力就业，会给你土地优惠、税收优惠、保障房给你下订单，还会给你企业一定的人才公寓指标。更有甚者，一些城市还同意配套基地建设给你一块商业用地，希望你尽快建成2~3栋新型装配式建筑的商业示范出来，以起到观摩推广的作用。此等利好吸引了一些开发商主动上门来求合作，并愿意共同投资基地，效果好的话他们还愿意下订单。机电和装饰装修企业也积极跟进，形成装配式的产业链。如此，一盘大棋就下活了，一个产业联盟就形成了。所以说，装配式进一步发展，一定是产业联盟的发展，一定是产业联盟与产业联盟之间的竞争。

7."三个绝配"
关注装配式+的"三个绝配"

建筑产业在国民经济中的作用十分突出，必须加快供给侧结构性改革，适应和引领经济发展新常态。突出的就是要实现建筑产业的绿色建造和高质量发展，主要方式是装配式+BIM，装配式+EPC，装配式+超低能耗，行业里称之为装配式+的"三个绝配"。当然下一步还要关注装配式+智慧建造。

装配式+BIM，装配式+EPC，装配式+超低能耗，以及装配式+智慧建造，是新时期建筑产业实现绿色建造与高质量发展的集中体现，将成为建筑产业实现转型升级和科技跨越的重要途径。

案例：青岛国际会议中心项目"三个绝配"非常经典

2018 年，作者对上合组织会场——青岛国际会议中心项目"三个绝配"更好更省更快建设情况作专题调研，发表了《绿色建造与高质量发展项目的经典范例——对青岛国际会议中心采用装配式 +BIM+EPC 实现绿色建造与高质量发展的专题调研》（发表于 2019 年 12 月 30 日中国建设报）的报告。

十九大报告指出，**我国经济已由高速增长阶段转向高质量发展阶段，正处在转变发展方式、优化经济结构、转换增长动力的攻关期**，建设现代化经济体系是跨越关口的迫切要求和我国发展的战略目标。**必须以供给侧结构性改革为主线**，不断增强我国经济创新力和竞争力。

青岛国际会议中心项目是绿色建造与高质量建造的集中体现和示范，仅仅 6 个月时间就又好又省又快地建成了，比传统建造方式缩短工期 18 个月，创造了新的中国建造奇迹。通过对青岛国际会议中心项目的深入调研，我们认为该项目主要特点体现在以下三个方面：

一是全装配式是绿色建造与高质量发展的转型基础

中共中央、国务院《关于进一步加强城市规划建设管理工作的若干意见》指出，要大力推广装配式建筑。需要我们从国家战略层面认真回答，中国为什么要发展装配式建筑的问题。

青岛国际会议中心项目要求在 2018 年 3 月 31 日完成竣工验收。从 2017 年 9 月 26 日进场施工开始，留给设计＋建造的总工期仅仅 6 个月，包括拆改、设计、采购、施工、调试全过程。时间紧任务重，山东省委省政府高度关注，经过省市专家和主管部门领导共同研究，一致认为该项目必须也只能采用全钢结构全装配式的建造方式，即结构、机电、装饰装修全装配式。其中钢结构装配率为 97.5%，安装主管道及设备装配率达到 95.3%，装饰装修装配率达到 93.5%（包括屋面和幕墙）。

在主体结构全钢结构装配式施工中，11000t 钢结构构件全部为 BIM 建模，数字化加工，到场即安装，构件连接全部采用栓接方式，既减少焊缝检测时间，又减少焊接烟尘对环境的污染，结构安装现场用工数量比传统方式减少 2/3，工期仅用 46 天。

在机电安装中，采用 DDCI 施工一体化技术，通过 BIM 软件合理拆分，根据拆分后的模型信息，在工厂化预制加工，然后现场顺序拼装，22000 延米主管道和桥架线路工厂定制加工，232 台设备整机安装，比传统方式缩短工期近 5 个月。

在装饰装修工程中，通过三维扫描技术与云模型对比，按图排版下单，现场无切割，装配率达到 90%，一次成功，仅 15 天即完成了 1.8 万 m² 的石材铺贴，18 天完成了 3.3 万 m² 吊顶和墙面石材安装，节约工期 8 个月，一次成优。

二是装配式 +BIM 是绿色建造与高质量发展的科技内涵

十九大报告指出，**推动互联网、大数据、人工智能和实体经济深度融合。要大力改造提升传统产业，建设数字中国**。宏观是数字中国，中观是数字城市或智慧城市，那么微观就是数字建筑或智慧建造。数字建筑和智慧建造就是在 BIM 技术基础上综合应用云计算、大数据、物联网、移动互联网、人工智能及 3D 打印、VR/AR、数字孪生、区块链等。

BIM 技术是当前智慧建造中最基础性的应用，已在房屋建筑特别是超高层建筑和大体量建筑以及高铁、高速公路、特大型桥梁、市政工程等建设方面广泛应用。要突出解决三个问题，一是三维图形引擎"卡脖子"问题；二是三维图形平台的安全问题；三是设计、施工、运维阶段 BIM 应用贯通问题。

该项目 BIM 应用突出解决了安全问题，使用自主研发的 C8BIM 三维图形平台，数据库设在国内。另外，还突出解决了设计、施工阶段 BIM 应用贯通问题，BIM 团队始终与设计团队合署办公，实现真正的设计施工一体化融合。在设计和施工阶段共发现 5300 余项疑似碰撞问题，及时消灭在优化设计阶段，实现 BIM 正向设计。解决这些问题，相当于节约的成本和创造的价值近 1.2 亿元（约占建安成本的 8%），减少返工工期 150 余天。该项目的 BIM 应用，在解决安全问题和贯通问题上是一次成功的尝试。

由于项目工期紧，对施工组织的紧密性和一次成优率提出极高的要求，必须借助BIM技术才能实现。同时该项目还存在工作面受限、各专业集中交叉、管线排布复杂等困难，也只有通过BIM技术，实现事前模拟，提前发现并处理潜在问题，节省工期。例如，为保证会场净高，机电管线需从110根钢梁梁腹穿过，项目部应用BIM技术进行综合排布，穿孔位置提前定位并准确留洞，将两个专业的协调时间缩短为零；又如，工程使用了约14000块铜制面板饰面、异形造型工艺、超大部品部件，这些材料均具有加工制作周期长、补件慢的特点，项目采用"BIM+三维扫描"技术，保证"精确下料，精准安装、一次成优"，将损耗率和返工率降低为零。

此外，项目大量使用了"BIM+"相关技术，如BIM+三维扫描技术复核现场施工，BIM+放线机器人实现自动测量定位，BIM+5D技术实现工期和资金计划模拟，BIM+3D打印技术进行复杂节点交底，BIM+VR技术实现方案模拟比选，尤其是大量应用了BIM+虚拟建造技术，对工程中涉及使用功能的水暖风、声光电进行功能模拟，各项舒适度指标均达到国际会议标准，最终保障了大会顺利召开。

装配式建筑+智慧建造是未来的发展方向，包括装配式建筑与人工智能、大数据、云计算、物联网等新型信息技术的结合。该项目的"BIM+"技术应用是装配式+智慧建造的初步探索，是目前国内智慧建造程度比较高的案例之一。今后在装配式建筑中，使用AI赋能的机器人建造技术将成为必然选择。

三是装配式+EPC是绿色建造与高质量发展的组织方式

推进公共投资项目供给侧结构性改革，关键在于转变发展方式，一是建设模式必须转变，体现节能、节地、节水、节材和环境保护。二是市场模式必须转变，实现设计施工总承包模式。由于传统模式中设计、施工分立，不能整合为优化设计、降低成本、缩短工期的利益主体，超概算超工期严重，经常发生腐败问题，既不利于科技创新、管理创新，也不利于"走出去"战略的实施，严重制约了公共投资项目特别是房屋和市政基础设施项目供给侧结构改革的推进，必须从转型发展的高度来认识和破解。

国务院办公厅印发的《关于促进建筑业持续健康发展的意见》就完善工程建设组织模式作出了明确要求，装配式建筑原则上应采用工程总承包模式。政府投资工程应完善建设管理模式，带头推行工程总承包。青岛国际会议中心项目正是公共投资项目采用工程总承包模式的创新，的确实现了又好又省又快建设（图2.8）。

装配式建筑发展面临的最大瓶颈就是成本问题，实践证明，只有通过与EPC模式结合，从设计入手，结合部品部件生产，在充分满足需求的前提下，最大程度地实现结构、机电、装修全装配化、部品化、标准化、信息化、

图 2.8　青岛国际会议中心项目

集成化，才能有效降低成本。该项目不但没有突破概算，还大大节省了开支，仅结构部分就节省 4000 万元。安装部分用国产品牌代替进口产品，仅此就节省近 1.5 亿元。装饰装修采用国产石材，又节省 1200 万元。另，该项目得房率提高了 7%。

该项目的成功经验再次表明，装配式建筑必须结合 EPC 模式来有效降低成本。该项目设计团队定位清晰，积极配合总包方进行方案优化，以工期为主线配置资源，以减少湿作业和"全过程装配"为理念真正实现 EPC 管理。

综上，装配式 +BIM，装配式 +EPC，装配式 + 超低能耗，以及装配式 + 智慧建造，是新时期建筑产业实现绿色建造与高质量发展的集中体现，将成为建筑产业实现转型升级和科技跨越的重要途径，青岛国际会议中心项目正是这种创新的一个成功范例。

二、超低能耗

超低能耗建筑具有广阔发展空间

2019年，作者应邀对河南省发展超低能耗建筑情况作专题调研，发表了《对河南省大力发展超低能耗建筑的意见建议》的调研报告。

1. 什么是
什么是超低能耗建筑

超低能耗建筑受德国"被动房"的概念影响较大，就是通过被动式设计，几乎不用主动的采暖和空调制冷系统即可以维持室内舒适环境，使得建筑对采暖和空调需求的最小化。

自从1996年费斯特博士在德国达姆施塔特创建了被动房研究所（PHI）起，被动房技术体系在欧洲的发展速度很快。欧洲建筑准则明确要求成员国必须保证2019年起所有新建公共建筑需达到低能耗标准，2021年所有新建私人建筑需达到低能耗标准。近10年来，以德国被动房为主的建筑节能产品体系进入中国，在各方推动下，在行业里引起广泛关注，其被动式理念对我国的建筑节能发展产生很大影响。

实践证明，被动房采暖能耗可以比同类型建筑减少 90% 以上，建筑总能耗可以减少 50% 以上，全社会总能耗可以减少 15% 以上。

近年来，被动式建筑在我国经过一段时间的探索与思辨，已统称为"超低能耗建筑"，通过控制建筑朝向、体形系数、窗墙比和围护结构传热系数，实现建筑在尽可能不耗能或者少耗能的前提下，能够全部或部分满足供暖、制冷等需求。

超低能耗建筑主要技术体系包括 2+3 共计 5 个方面：

两个方面是基础性的。

一是外围护体系的保温性能。主要由外墙、屋面和外窗组成。目前我国的标准外保温厚度为 5～7cm，而被动房则要求 15cm 以上。我国一般建筑门窗传热系数在 2.5 以上，而超低能耗建筑门窗要求传热系数在 1.2 以下。同时被动式门窗还可以有效降低室外噪声至少 50dB 以上。外遮阳在夏季对降温也起着非常重要的作用。

二是建筑整体气密性能。我国目前只对门窗的气密性提出要求，对建筑物整体的气密性没做要求。事实证明，提高建筑物整体气密性的成本更低，效果更显著。

三个方面是辅助性的，加强型的。

一是新风热回收。

二是太阳能光伏发电、地热能等可再生能源运用。

三是超低能耗建筑使用和运维的智能控制。

综上所述，超低能耗建筑不仅节能，还能提高室内环境质量，达到"恒温恒氧恒湿恒洁"的要求，从而大大提高人民群众的居住品质。

除此之外，比起普通节能建筑，超低能耗建筑有两点不同，一是评价方式不同，超低能耗建筑是以室内温度、湿度、二氧化碳、噪声值等室内环境参数、能耗值等为评价量化指标，不再是"专家"验收。二是精细化设计和施工,在建造过程中宜采用"EPC模式"或"EPC+全过程咨询模式"。

2. 为什么
为什么要发展超低能耗建筑

河南属于温带—亚热带气候，横跨寒冷和夏热冬冷两个气候带，四季分明，冬季寒冷，夏季炎热，有明确的夏天制冷和冬季采暖的需求。计划经济条件下，黄河以南地区不集中供暖，现在人民群众生活水平提高了，有新希望新要求新的幸福感，要求冬季供暖。而目前我国三北地区冬季的主要供暖方式就是集中供暖，存在能耗高、污染重、投资大、性价比低等实际问题，特别是性价比低的问题难以突破（如哈尔滨集中供暖 7 个月，上海仅 2 个月，同样的投资，效益相差几倍），最后都要摊到老百姓买房子的基础设施配套费上。如何突破这一难题？恰在此时，我国的超低能耗建筑迅速发展，正在破题之中。

对政府而言，推广超低能耗建筑，能耗大幅降低，不用集中供暖，甚至不用空调，城市对热力和电力的需求大幅降低，并大大减少政府在这一领域的基础设施建设与运维的投资压力。同时超低能耗建筑的副产品"高效新风过滤"可以让室内 $PM_{2.5}$ 和 PM_{10} 浓度降至国家标准以下。从产业发展方面看，推广超低能耗建筑，将带动保温、门窗、遮阳、气密性材料、新风空调等约 20 多个细分产业链跟进发展，对研发、生产、安装、材料等起到全面提升作用，带动产业链全面升级换代。

他山之石可以攻玉。河北省属三北地区，本可以采用集中供暖方式，但他们却另辟蹊径，大力推广超低能耗建筑，因为他们尝到了实实在在的好处。近期河北省在石家庄和保定两个城市出台重磅扶持政策，奖励超低能耗建筑容积率9%，应用超低能耗建筑技术的商品房价格备案可上浮30%，这些举措极大地鼓励和推动了河北省的超低能耗建筑发展。

经粗算，由于外墙保温加厚、高性能门窗、新风热回收、气密性处理等技术水平提高因素产生的成本增加，对于住宅来讲约 800 元 $/m^2$，对于公共建筑来讲约 700 元 $/m^2$。以河南首个超低能耗建筑示范项目"五方科技馆"为例分析，住宅增量成本约 723 元 $/m^2$，公共建筑约 652 元 $/m^2$。随着部品部件本地化、规模化效应，专家预测，届时住宅的增加成本将降至 650 元 $/m^2$，公共建筑约 550 元 $/m^2$。

对超低能耗建筑成本分析要全面辩证，要把其节省的成本全面计算清晰。

一是要把其替代集中供暖从而减少基础设施配套费因素考虑进去。基础设施配套费中供暖是大头，如郑州市配套费中供暖部分为 55 元 /m^2。这一部分节省下来要考虑。同时，因为集中供暖取消，小区内配套如热交换站、综合管网、户内暖气设施约 120 元 /m^2 就可以节省下来。

二是运维成本大幅度降低。以河南集中供暖为例，每户每个采暖季要缴集中采暖费 22.8 元 /m^2，这一部分节省也要考虑。同时，根据经验分析，超低能耗仅节省的电费，10 年左右即可以回收其增量成本。

三是政府的鼓励奖励政策。目前河南省郑州市提出的鼓励奖励政策是，商品住宅奖励容积率 4%。如果住宅均价暂按 15000 元考虑，则相当于每平方米奖励 750 元，基本上可解决其增量成本问题，相信开发商的积极性会极大提高。

综合以上各种分析，我们可以预测，推动超低能耗建筑成本不但不会提高而且还会降低。

3. 如何做

如何发展超低能耗建筑

河南是全国建筑业的大省，但还不是强省。如何抓住这一轮包括装配式建筑、超低能耗建筑和智慧建造的发展契机，把建筑业大省提升为建筑业强省，值得认真研究。

牢牢把握住建筑产业转型升级的发展方向。突出研究好装配式＋BIM、装配式＋EPC、装配式＋超低能耗三个当前的重要问题。下一步还要研究好装配式＋智慧建造的重要问题。

坚定实现弯道超车，让河南一跃成为全国超低能耗建筑发展的引领者。现在河南已经相对走在了全国前面，要乘势而上，抓住机遇，有所作为。

重点抓好超低能耗建筑发展的示范型城市、示范型项目，从而为全省全面实现"倒逼机制"创造条件，真正落实好"倒逼机制＋奖励政策＋示范观摩"的推广政策。

全面实现超低能耗建筑产业链在河南的发展和提升。这是一个转型升级的新的市场，规模巨大，不但新建建筑可以实现超低能耗，既有建筑亦可以实现超低能耗或低能耗改造提升。一个节能、环保、节省投资、提高效率、改善人民群众居住品质的新型、高端产业链聚集即将产生，据专家分析，初步估计全省这一新产业链的产值应当在千亿以上。问题的关键还在于，不仅全省推广超低能耗建筑，还要打造超低能耗建筑的全产业链并走向全国。

4. 成品住宅
关于发展成品住宅的讨论

2019年，作者应河南省住房和城乡建设厅和河南省中原成品房研究中心邀请在"河南省住房高质量发展研讨会"上做主旨报告,并为《河南成品住宅蓝皮书》作序。

随着资源环境要素约束趋紧,将建筑与内装人为割裂,从而造成更多资源浪费和污染的传统住宅建造方式,即毛坯房方式的粗放弊端已充分暴露,且不可持续。而发展成品住宅是实现绿色建造与高质量发展的重要实践、重要创新和重要抓手,因为它基本上涵盖了高质量发展的五个内涵,即绿色化、标准化、信息化、装配化、设计施工一体化。另外它还涵盖装配式+BIM、装配式+EPC、装配式+超低能耗被动式等。其实践效果已表明,成品住宅可以一手托"两家",一是托起了人民群众的新希望、新要求、新的幸福感、获得感;二是托起了行业转型升级的新要求。河南省在发展成品住宅方面做了有益的探索。一方面,以政府人才公寓为抓手,开始全面推动保障房类成品住宅建设;另一方面,对市场体系的住宅建设则充分发挥成品住宅示范区和示范项目的引领带动作用,同时推进成品住宅品质提升指标体系建设,以评价、鼓励和引导开发企业体现优质建造的价值。目前,河南还正着手进行成品住宅入住后不同阶段满意度问卷调研,立足于满足人民群众对美好生活要求这个最重要的评价标准,也是发展成品住宅真正的出发点、落脚点。

三、若干讨论

转型升级与若干问题的讨论

1. 价值观问题
引领城市规划建设发展方向的价值观问题的讨论

2018年，作者应邀参加清华大学"雄安新区规划建设论坛"，就引领城市规划建设发展方向的价值观问题作演讲。

关于引领城市规划建设发展方向的价值观，既是理论问题又是实践问题。从国家战略和哲学层面深入认识、增强自觉，是我们面临的一个重大课题。一个时期以来，我国城市规划建设存在一种"浮躁"之风，片面追求"新、奇、特""大、洋、怪"建筑，已经引起中央领导和业内人士的广泛关注。所有问题都是表象，本质上则表现为引领城市规划建设发展方向的价值观出了问题。按照辩证唯物主义认识论关于抓主要矛盾和矛盾的主要方面的工作思路，要从以下三个方面加以探讨。

一要牢牢抓住低碳经济实质

清华大学胡鞍钢教授认为，当前的全球低碳经济运动无疑是第四次工业革命。低碳经济不仅成为当今社会潮流，已成为世界各国政治家的道德制高点，也揭示了城市规划建设的实质。

我国的经济总量主要聚集在城市。抓低碳经济就要抓低碳城市，而建筑运行＋建造能耗又占全社会总能耗的近一半,因此,要抓低碳城市必须抓好低碳建筑。抓低碳建筑会带来三个趋势:一是尽可能节省钢材水泥玻璃用量。1t 钢要消耗 1.1t 标准煤,排放将近 3t 二氧化碳;二是尽可能实现工厂化装配式建筑,或者叫建筑部品化,减少工地消耗和污染;三是尽可能从方案论证开始排除碳排放高的建筑方案。

以北京某电视大楼为例。所有业内人士都知道的一个基本常识是,任何建筑都要底部大上部小、底部重上部轻,有的"权威"非要颠覆这一基本常识,代价是什么?就是成倍多用钢材。据有关专家分析,其用钢量比普通造型的钢结构、钢筋混凝土结构的用钢量平均高出一倍。一倍是什么概念,几十万吨钢。就为了这么一个造型,多用了几十万吨钢。今后,城市规划建设从实质上杜绝"浮躁"之风的最好办法,就是推广建筑碳排放方案评审工作。所有地标性建筑,要向全社会公开其碳排放方案,在论证阶段就淘汰用钢量过大、碳排放过高的建筑方案,这是对"新、奇、特""大、洋、怪"建筑的釜底抽薪。把住这个关口,谁想为所欲为都做不到了。

我们做一个更深入的展望。国际化大都市的发展大致经历三个阶段。第一阶段是城镇化,农村富余劳动力向城市转移;第二阶段是逆城镇化,城市扩张,空间有限,人口被迫外迁。我国发达城市如北上广深刚刚处在第二个阶段。北京有 2300 万人口,约 1000 多万人口居住在五环外，特别是几个集中的"睡城"，早上千军万马进城上班，晚上千军万马出城睡觉，钟摆式。据社科院的一项研究，全世界上班路途消耗时间最长的几个国际化大都市，北京58分钟，上海57分钟，纽约曼哈顿52分钟。

纽约曼哈顿为什么降下来了呢？它已经开始了第三个阶段，叫二次城市化，又叫中心化、高端化。以纽约曼哈顿为例，纽约曼哈顿的金领白领，你跟他讲什么是最好的房子，我们的人肯定讲是别墅，人家说别墅早就是小儿科了。最好的房子就在纽约曼哈顿其貌不扬的一个钢结构的超高层公寓，但里面各种设施齐全。在这里居住，就可以节省大把的时间用来加强社交，没准一单业务就来了；还可以去健身，幸福指数陡然提升。所以当你跟纽约的人提什么是最好的房子，你千万不要再冒傻气说别墅了。过去，纽约有一些老板，很炫耀地早上开着私人飞机来上班，晚上开着私人飞机回去，现在不是了。包括巴菲特，也在纽约曼哈顿新开盘的楼盘买了房子。所以今后最好的房子一定是在中心城区。2050年我们要实现中华民族伟大复兴的中国梦，高层超高层建筑仍然有发展空间。

二要正确把握城市规划建设发展方向

经济基础决定上层建筑。当今引领世界城市尤其是国际化大都市规划建设发展方向的毫无疑问是欧美一些国家，执牛耳者是美国。目前我国仍处在跟风者的地位。

"浮躁"之风盛行，表现为我们一些城市的决策者判断力不强，一些专业工作者缺乏自信。本质上是我们引领城市规划建设发展方向的价值观出了问题。

当前，我们不但要把握好国际化大都市规划建设的正确发展方向，而且还要清醒意识到我国将历史地担当这一发展方向的引领者的责任。首先是学习借鉴、洋为中用，就是要对是非曲直作准确的判断。当前，"新、奇、特""大、洋、怪"建筑在我国一些城市大行其道，说明我们一些同志的判断力上的确出了问题，舶来品并非都是好东西。以美国为例，一方面一般城市规划建设深受霍华德"田园城市"思想影响，摊大饼、汽车轮子上的国家，土地和能源严重浪费。连美国权威专家参加我们绿色建筑大会在发言时都明确地告诫我们，你们千万不要学美国一般城市规划建设，你们也学不起美国的城市规划建设。为什么？美国才三亿多人口，可耕地比我们多得多。美国的地下能源都捂着呢，刚刚开始开发。美国为什么一般城市规划建设深受霍华德"田园城市"思想影响呢？这跟他们的民族背景有关系。我们知道美国移民主要是来自英国，其次是德国，还有其他欧洲国家。英国移民思想的根深蒂固跟狄更斯描述的《雾都孤儿》那本书里的一样，让他选择城市，他一定不会选择像伦敦这样的城市，太恐怖了。他希望什么样的城市呢？恰恰在这个时候，20世纪初一个英国作家、具有乌托邦理想主义思想的霍华德写了一本名为《田园城市》的书。

这解决了美国人的饥渴问题，他们说我们就想要这样的城市。家家都是别墅，前有院、后有院，既享受城市人的生活品质，又能看到乡村田园风光。代价是什么，土地和能源严重浪费。

另一方面，我们又不得不说，国际化大都市商业中心区，所谓CBD，以纽约曼哈顿为例，规划建设却又极尽节省土地空间之能事，开创了许多国际化大都市之先河。交通路网密布，不在车流人流和交通路网上算小账，而在建筑高度、容积率上算大账。当路网密度足够时、一定时，其最密集地区人均建筑用地仅为约 $1m^2$，而北京老城区人均约 $60m^2$，美国一般摊大饼的城市则更高，$300m^2$、$500m^2$。我说的是不算道路面积，仅仅是建筑用地面积，这一个街区里面，建了房子，然后住了多少人，按照容积率一算，一个人占了多少土地。

城区建筑该高时一定要高，土地集约节约。城市化第三阶段大量人口反向流回中心城区，破解了钟摆式城市规划弊端。在此基础上，强调高层超高层建筑之间高度、体量、色彩、风格上的协调并注重形成建筑轮廓线，总体上把握了简约、实用、合理的要求。应当说，除了对现代建筑，多指钢结构建筑，认为风格上比较单调，尚有些争论外，基本上该区域建筑总体上遵循了简约、实用、合理的要求。国际化大都市，最重要的是什么，其实比来比去主要是三个要素。

城市天际线。有的专家说叫建筑天际线，准确地说应该是城市天际线。天际线里面包括建筑，也包括山水、园林，形成城市天际线。我们看北京，北京市是特别注重城市天际线的。最著名的城市天际线景观，就是站在景山公园煤山顶上的亭子里透过故宫向城南望去，看到北京城郭的景象，被国际专家公认为美轮美奂的城市天际线。北京的城市总规就是按照这个城市天际线来控制的。二环以内一律不许建高层，二环到三环只能过渡性建高层，三环到四环才可以报建高层超高层，四环以外，对不起，东边有首都机场，南边有南苑机场，西边有西郊机场，北边有沙河机场，报建高层超高层受到限制，所以北京的高层超高层的建筑空间是极其狭小的，跟上海是没法比的。上海是越中心越高，北京是越中心越洼，注重的就是城市天际线。

建筑轮廓线。认为这是现代文明的标志，是一个国家当代技术发展水平的体现，是社会发展水平的体现，所以更加强调建筑轮廓线的作用。香港、上海、纽约、芝加哥等，都是几十年精心打造建筑轮廓线。值得一说的就是上海。改革开放前，上海是有建筑轮廓线的，叫外滩万国建筑博览建筑轮廓线。后来中心城区高层建筑多了，把这个轮廓线给破坏了。改革开放、浦东开发，1990年代初开始精心谋划了陆家嘴金融保税区建筑轮廓线。几十个地块早早地就谋划好了，从东方明珠为第一号建筑开始，到金茂、环球、上海中心，谁来建设都要符合上海市的整体规划，符合建筑轮廓线的要求。上海市政府专门有一个专家委员会来评审，高度、体量、色彩、风格谁也不能乱来，为的是摆在一起协调好看，特别强调协调性。

城市交通路网。北京 CBD 和纽约曼哈顿比较。北京是传承的城市，元大都建城，那时候没有机动车的概念，都是胡同。清末民初，开始有机动车了，就人为地打通了一些胡同。东四十条大街以前就是东四十条胡同。新中国成立以后继续打通这些胡同，拓宽这些马路，形成了北京老城区现有的机动车路网格局。客观上形成了 500m×600m 一条机动车道。而纽约曼哈顿是人为规划的城市，从一开始就强调机动车，它的交通路网是多少呢？一般是 70m×100m 一条机动车道，最密的地方是 50m×60m 一条机动车道。这里面有什么区别呢？我们来看，500m×600m 也好，深圳开始新规划标准的 200m×300m 也好，还是纽约曼哈顿最密的地方 50m×60m，它都有一个基本假定，住多少人，多少人要进出。老北京都住四合院，那时候没有汽车，所以 500m×600m 里面住了 5000 人，没有问题，出行很便捷，后来有公共汽车就行了，有自行车就行了。规定里面绝对不能建楼房，但现在挡不住老百姓买车，所以这个问题就凸显出来了。深圳规定建六层楼，200m×300m 里面都是六层楼，不能高，一统计住了 5000 人。纽约曼哈顿最密的地方，办公 5000 人，住宅 3000 人，里面规定了你必须建高层，你要不建高层资源就严重浪费了。这样一统计，人均建筑用地面积大大节省了。老北京中心城区约 60m²/人，深圳如果严格中规中矩 200m×300m 路网、六层楼则为 12m²/人，纽约曼哈顿最密的地方为 1m²/人。

所以我们要认真思考和牢牢把握以下三个问题：一是总规与标志性建筑的协调问题，保持高度、体量、色彩、风格一致；二是低碳城市与低碳建筑简约、实用、合理协调问题；三是科学的交通路网与建筑容积率问题。

三要有引领世界城市规划建设发展方向的自信

无论历史地看，还是现实地看，中国都将引领世界城市规划建设发展方向，这是不以人的意志为转移的。现在摆在我们面前的问题就在这里，规划建设上有哪些方面值得人家佩服你、学习你，这就是我们要思考的问题，这是中华民族伟大复兴中国梦不可或缺的部分。特朗普曾在竞选总统时说，"看看纽约的华盛顿桥，你再看看人家中国的桥，我们就是小儿科，中国的经济增长到了 8% 和 7%，而我们美国实质上的增长就是零"。很多美国的政治家们都跟他一样，都处在深深的焦虑之中。我们快要超过他了，他们非常紧张，这就是美国政治家表现出来的焦虑。

中国共产党作为执政党具有艰苦奋斗的优良作风，中华民族是有勤俭节约的传统美德，当前世界正崇尚低碳发展的道德要求，三者合一，用低碳、简约、实用原则引领城市规划建设。

基于我国人均资源能源匮乏的现实，要彻底摒弃"新、奇、特""大、洋、怪"建筑。早在1956年，国务院就在《关于加强设计工作的决定》中提出了"民用建筑设计中，必须全面掌握适用、经济，在可能情况下注意美观的原则"，被业内人士普遍称为建筑方针。2007年国务院五部委曾联合下发了《关于加强大型公共建筑工程建设管理的若干意见》，对继续坚持该建筑方针提出了明确要求。2016年2月6日，中共中央、国务院《关于进一步加强城市规划建设管理工作的若干意见》出台，明确提出了新时期建筑方针："适用、经济、绿色、美观"，这是一个重大发展。今后几年是关键，我们不但要对世界城市规划建设发展方向有正确把握，还要结合国情，增强道路、理论、制度、文化自信，从而坚定引领世界发展方向的自信。

2."一带一路"
践行"一带一路"的思考

"一带一路"倡议提出后，中国建筑业积极践行，取得了丰硕成果。据统计,我国建筑业企业在"一带一路"沿线国家年均新签合同额占同期海外合同总额的50%以上，无论是沿线国家的基础设施建设还是城市建设，都充分证明了中国建造的重要性，中国建造"走出去"成为中国从"建造大国"迈向"建造强国"的必由之路。2019年，作者会同有关央企领导和专家草拟了一份《关于充分发挥中国建造在践行"一带一路"倡议中重要作用的意见建议》，但并未最终定稿。

中国建造"走出去"的优势

目前，我国建筑企业已经在很多方面具备了竞争优势，拥有了全面"走出去"的实力和信心。

规模优势。2018年度国际承包商250强中，有69家中国建筑业企业，前10名中有7家中国企业，榜首即为中国企业，我国建筑业企业在规模经济方面的优势明显。

技术优势。中国建造在超高层建筑、高铁、道路、桥梁、港口等重点建设领域拥有世界领先的建造技术，有很强的核心竞争能力。

融资优势。凭借领先的综合实力和稳健的财务表现，我国建筑业企业被国际公认的评级机构一致授予了较高的信用评级，融资能力和融资成本方面具有优势。

产业带动优势。建筑业具有产业链长、带动能力强的特点，可以拉动上下游的一系列制造业。推动中国建造带动全产业链"走出去"，互利共赢，打造人类命运共同体，符合各方利益诉求，成为最佳合作模式。

中国建造"走出去"存在的突出问题

在践行"一带一路"倡议取得成绩的同时，不可否认，中国建造"走出去"正面临着我们自身四方面问题的严峻挑战。

政策支持领域亟待扩大的问题。目前，国家支持"一带一路"的配套政策基本上都集中于基础设施领域,而沿线国家在城市建设、民生工程(如住宅建设、文化体育场馆建设)和打造地标性建筑方面的需求则不在"一带一路"政策支持的范围之内,导致我国企业面对沿线国家城市建设和民生工程等重要项目只能通过企业自身的力量参与市场竞争,在该领域的拓展难度相对较大。

鉴于一些"一带一路"沿线国家经济增长乏力,受所处发展阶段的制约,加上政治的需要,其在高铁、道路、桥梁、港口、能源等基础设施领域的升级规划,往往会更多地让位于争取民心的民生工程,多是一民生、二基建,如果反之则会陷入严重的政争之中,中国企业往往会"躺枪"。各国政府和民众对住房、公共建筑等提出了更多更高的需求,城市建设特别是城市地标性建筑的打造,其文化内涵和影响力是非常深远的。从沿线国家角度看,其经济发展既需要基础设施的互联互通,又需要住房建设争取民心,也需要相关城市建设的升级来提振信心。

由于基础设施项目往往投资额大,牵涉利益多,协调困难,极易受到所在国政治经济文化等多重复杂因素影响,具有不确定性。

促进沿线国家民心相通作用有待进一步发挥的问题。习近平总书记强调,"国之交在于民相亲,民相亲在于心相通"。共建"一带一路",实现民心相通至关重要。"一带一路"沿线多为发展中国家,普通民众面临住房、教育、医疗等迫切的民生需求。支持建设一批民生工程，既能立竿见影地增强他们实实在在的获得感，夯实"一带一路"的民意基础，又能够在长远提升人口素质，厚植人力资本，激活发展源泉，有效构建人类命运共同体。中建总公司在印尼承建了最大的保障房项目，远大住工承建的苏里南政府保障房示范项目等都充分证明了这一点。

带动"中国制造"走出去潜力有待进一步发挥的问题。建筑业具有产业链长、带动能力强等特点，可以拉动材料、机电等上下游一系列制造业产品走向国际市场，这方面的潜力巨大，但现阶段还没有发挥好，特别是带动高技术产品"走出去"方面仍然存在差距。

全球竞争力仍需进一步增强的问题。我国建筑业企业虽综合实力突出，但优势资源和业绩主要集中在国内，尚未全面延伸到海外市场。全球承包商前十强中另外三家外国企业，平均国际营业收入占比高达70.8%，有的企业甚至超过90%；而大部分中国建筑业企业国际营业收入占比仍低于30%。在全球资源配置、经营规模扩展、价值创造、资本运作、人才吸引、风险防控等深层次能力方面，我国建筑业企业与国外同行相比，差距明显。

意见与建议

综上，为了加快推动中国建造"走出去"战略的进程，建议从国家层面将中国建造与中国制造放在同等重要的地位，尽快出台中国建造"走出去"总体发展规划，从国家战略层面进一步推动中国建造"走出去"。为此，谨提出如下意见建议。

一是从战略层面，应进一步扩大对中国建造"走出去"政策支持的范围。 在基础设施建造"走出去"取得一定成就的基础上，建议加大推动中国建造在房屋建筑领域全面"走出去"的力度。建议国家将"一带一路"政策中对基础设施建设的支持政策进一步延伸到沿线国家更为关注的保障性住房建设、城市改造、公共建筑等城市建设领域。多维度践行"一带一路"倡议，更好地服务当地的经济社会发展，为长期的互利合作打牢基础。

二是从项目实施层面，建议把新型城镇化作为"一带一路"建设的重要内容。 发挥我国新型城镇化建设综合优势，与当地政府共同规划一批"一带一路"城镇化建设项目，以城市改造、公共建筑、园区建设等领域为重点，推动当地经济发展，打造一批人口聚集、产业兴旺的节点城市。形成城镇化与基础设施建设相辅相成、高效互动的局面，实现"一带一路"政策效应和建设成果最大化。

三是从国际国内两个市场的关系上，应高度重视中国建筑业企业在 EPC 模式中的经验积累。 国际市场普遍采用设计施工总承包（EPC）模式——"交钥匙"。国务院办公厅 19 号文《关于促进建筑业持续健康发展的意见》明确，要加快推进公共投资项目市场模式改革，实现与国际规则接轨。我们认为，国内有条件的公共投资项目都要按照"19号文"的要求,全面实施 EPC 模式,"交钥匙,实现更好、更省、更快,尽快补齐我国建筑业企业在 EPC 模式上的短板,让更多的建筑业企业迅速增强驾驭 EPC 模式的能力,以更好迎接"走出去"的深刻考验。

另外,"一带一路"倡议也对建筑产业实现转型升级产生巨大推动作用。"一带一路"沿线国家大多是新兴经济体和发展中国家,普遍处于经济高增长时期,基建需求庞大,开展互利合作的前景广阔,基础设施互联互通是优先建设领域。"一带一路"将拉动沿线国家区域整体开发建设,也给中国阶段性、结构性供大于求的基础设施建设产能,包括交通、钢铁、水泥等行业提供了发展出路,必将超越中国企业传统的在海外修路架桥的简单模式,为中国企业"走出去"提供了更广阔的发展空间。过往的对外承包工程的经济数据表明,我国经济发展步入新常态,经济下行压力加大的形势下,中国建筑业企业积极开拓国际工程承包市场,不仅保证了行业的稳定持续发展,也为推进"一带一路"建设,支持其他行业国际产能合作,带动国际贸易增长发挥了积极作用,为建筑产业实现转型升级提供新的动力。

中国建筑业企业积极践行"一带一路"倡议,他们"借船出海""抱团出海""融入当地""深耕细作",是大有作为的。

2018年5月，作者应邀为《全球建筑业十强研究》作序。主要内容摘录如下。

美国《工程新闻记录》（以下简称ENR）杂志公布的2017年度全球最大250家国际承包商中，我国内地共有65家企业入选（其中有7家排名在前10），入选企业当年共实现海外市场营业收入987亿美元，占250家国际承包商营业收入总额的21.1%，预示着我国建筑业已跻身世界建筑业强国的行列。

与此同时，我们也要清醒地认识到，我国建筑业的工程建设组织方式仍然比较落后，建筑设计与施工分离的市场模式非常严重，企业特别是民营企业的核心竞争力还不强，大多数单位的工人技能素质还偏低，施工现场比较粗放，安全生产事故相比较仍然较多等问题还需要我们潜心研究对策。尤其是近几年全国固定资产投资规模的增幅回落后，导致建筑业总产值增幅持续回落，全行业开始面临一系列的新情况、新问题和新挑战。

党的十九大报告指出，中国特色社会主义进入了新时代。我国经济已由高速增长阶段转向高质量发展阶段，特别是中美贸易争端及国际政治经济秩序的调整，全球建筑行业新生态正在竞合中逐渐形成，面临着市场风险增多、发展速度放缓的严峻挑战。在这种大背景下，我国建筑业企业更要积极适应国内形势变化，以及国际建筑新潮流、新趋势，加快转型发展，适时调整产业结构，积极重建业态模式，加快技术创新，不断提高建筑产业现代化水平，切实推进我国建筑业转型升级。

他山之石可以攻玉。中天集团为此专门组成了《全球建筑企业10强研究》的课题组，由长期从事经济研究工作的浙江省发展和改革研究所前所长卓永良担任课题组组长，专题研究对标国际顶级建筑工程承包商的发展经验，我认为非常及时，很有必要。表明中天集团的决策领导很有历史担当和世界格局。

课题报告选取了10家顶级国际建筑工程承包商作为研究对象，多维度、全景式地展现了其成长轨迹、成功规律及经验教训，填补了国内专题研究ENR国际承包商的一项空白。

通读全报告，尽管每家企业都有不同的成长经历和经营哲学，但对我而言，有三个方面是共通的，值得分享给国内同行，当然也希望能得到其意见和建议。

一是，拥抱变化并适时进行跨界转型是基业长青的关键因素。一个不可持续发展的企业往往不是输给了竞争对手，而是输给了时代。报告中所选的10家企业，有9家创立时间在60年以上，其中5家企业是百年老店，最久的一家瑞典斯堪斯卡（Skanska）已持续经营130年。在漫长的历史周期中，这些建筑巨擘们已经从单纯的建筑施工企业转变为多元化经营的大集团。有的涉足建筑设备生产制造，有的专注于工程设计与咨询，还有的转型为房地产、旅游甚至金融业。平均下来，这些企业非建筑产业营业收入占比已经接近总收入的1/4，最高的甚至超过3/4。在我国，建筑业属于微利型行业，近10年建筑业产值利润率一直在3.5%上下徘徊，远低于工业平均水平。据我所知，确有不少建筑业企业也在尝试多元化的经营战略，既有成功案例，也有失败教训。报告中总结了全球10强跨界转型的三种方式，即顺势跨界、循势跨界、造势跨界，值得国内同行借鉴和思考。

二是，永不停歇的技术创新是企业成长的活力源泉。创新是引领发展的第一动力，是建设现代化经济体系的战略支撑。进入ENR前列的这些企业都是技术创新的佼佼者。如法国万喜集团（VINCI），多年来，在技术资金投入、研究人员数量和授权专利数等指标上居行业首位，特别是从2001年起每两年举办一届万喜创新大赛，并给予重奖激励，极大鼓励了业务单位和专业人才创新创造的能动性，并且很多成果都已成为全球工程承包商技术难题解决方案的灵感来源。再有，自二战伊始，美国建筑巨头柏克德（Bechtel）就一直重视信息系统和工程技术的结合，并且运用于处理核电、近海钻井石油、海底隧道、丛林沙漠等复杂环境，完成了堪称20世纪工程奇迹的美国胡佛水坝、英吉利海峡海底隧道、三哩岛核泄露事故的清理等项目，实实在在地"改变了世界的面貌"。

三是，创始人与其团队独特的人格魅力以及人文情怀是公司稳健发展的重要保障。建筑业是劳动密集型产业，也是人员流动性较强的行业之一，企业文化对人才管理和家族传承的作用，有时比薪酬待遇更为重要。在这方面，长期受到儒家传统文化洗礼的亚洲企业表现得尤为明显。报告中提到的日本大林组（Obayashi Corp.），在20世纪初改制为股份公司时，将其中1/4的股份赠送给员工，并专门设立员工援护会进行管理。直到百年后的今天，大林组从业员持股会依然是其前十大股东之一。正是这种重大关口不拘"小利"的行为，让大林组在创业初期就网罗了大批忠诚和高素质的人才。韩国现代集团兼现代建设（Hyundai Engineering & Construction Co. Ltd.）创始人郑周永，是当时韩国最大的财阀，其制定了"博爱""平等"的社训，并以身作则，每次承建大的工程，郑周永都要把行军床搬到工地，和工人一起生活。今天韩国现代建设以强大的员工凝聚力著称，并且敢于承接众多令西方公司望而生畏的项目，很大程度上与郑周永身上这种人格魅力密不可分。

  本报告堪称全球建筑业企业案例研究的一份综合佳作，也是提升国内建筑业管理水平的重要借鉴。虽然目前国内每年都对ENR名单有一些零星的分析报道，但是如此系统、全面的研究，尚属首次。本报告科学详尽的数据、独到有力的观点、细腻自然和可读性较强的文笔，都是非常可贵的。2018年5月，中天集团楼永良董事长决定将这一研究报告公开出版，实现智库成果的社会化，助推行业转型升级，充分体现了中天集团强烈的社会责任感，以及"诚信、务实、敬责、协同"的企业理念。对此，我深表赞许，并欣然同意为本报告作序。伴随共和国的成长，到2020年我国建筑业达到60～70年历史的企业会有一大批，到2050年我国建筑业的百年老店亦会屹立世界，能否有更多的中国企业持续跻身世界ENR前列有得一搏。这也是中华民族伟大复兴的中国梦中不可或缺的部分。希望本报告能为有远大抱负的企业家和团队提供可资借鉴的参考。

习近平总书记指出，**在新的时代条件下，我们要进行伟大斗争、建设伟大工程、推进伟大事业、实现伟大梦想**。在纪念改革开放40周年之际，我们敞开胸怀深刻剖析和学习全球优秀建筑业企业的成功经验，就是要与时俱进，不断推进多层面创新，努力增强企业核心竞争力，促进建筑业改革发展和转型升级，为"两个一百年"的奋斗目标做出积极的贡献。新时代，成就新伟业；新伟业，造就新英雄。

3. 上市
建筑业企业上市与否的讨论

早在2013年，作者即对建筑业企业上市情况做过研究分析。

基本情况

2012年，全国有建筑业特级企业257家，一级企业

9099家；建筑业总产值13.53万亿元，增加值3.55万亿元，利润总额4800亿元；房屋建筑施工面积98.15亿m^2，竣工面积34.58亿m^2。

目前，在内地上市的企业有2434家，其中建筑业企业仅47家（中央建筑业企业12家；浙江省建筑业企业5家）。以建筑业大省江苏省为例，全省有特级企业32家，一级企业1064家，目前只有2家建筑业专业施工企业上市。

据了解，所有建筑业大省（江苏、浙江、山东、河南、广东、天津、北京、上海、河北、辽宁、湖北等）的大型建筑业企业或效益高的专业化建筑业企业都有强烈的上市愿望。此外，以江苏、河南省多家特级、一级建筑业企业的业绩分析，企业注册资本金一般在3亿元左右，年产值约为30亿~60亿元，利润总额约为1亿~2亿元，甚至更高。这类投资回报率在30%~50%的建筑业企业在每个建筑业大省都有好几家，甚至十几家。比照已上市的建筑业企业，这些企业上市非常有希望。

原因分析

建筑业企业上市率低的原因有：

一是计划经济条件建筑业企业考核观念影响。建筑业企业长期受计划经济条件下业绩考核观念误区的影响，往往只关注合同产值和合同效益，缺乏投资回报率的概念。由于合同效益一般仅为合同产值的3%~4%，甚至更低，造成了建筑业企业常常妄自菲薄，缺乏上市的足够信心。而真正按投资回报率计算，其实都在30%左右甚至更高。

二是建筑业大省建筑业企业改制不彻底。以江苏省建筑业企业为例，其在改革初期，实行了"苏南"模式，国退民进后把产权转让给企业职工集体为主。由于持股人数众多，而不具备内地主板上市公司的要件要求，无形中成为上市不可逾越的坎。几家上市意愿强烈的企业，被迫重新组建股份公司。而浙江省建筑业企业则实行"浙江"模式，企业资产卖给管理者和部分职工，持股人数符合上市公司的要件要求。因此，浙江省建筑业企业的上市情况要明显好于江苏省。

三是内地上市审批程序复杂冗长。一些建筑业企业产生了畏难思想，影响了上市的积极性。香港上市限制条件与内地主板市场要求不同，而内地建筑业企业往往对香港上市的条件和程序缺乏了解，影响了这些企业赴港上市的意愿。

对策建议

建筑业企业上市问题应分类解决：对于符合内地主板上市条件的，应鼓励其争取在内地上市；对于要件不符合内地主板上市条件但满足香港上市条件的，则应积极引导其赴港上市，而不必仅仅局限于内地主板市场。通过积极开展工作，从每个建筑业大省梳理和引导3~5家建筑业企业实现赴港上市（合计约有30~50家），近期还是具有现实性和可能性的。通过赴港上市，可促使这类优秀建筑业企业形成资本优势，向高端发展，占领高端市场；促使其延伸业务链，扩大产业规模；促使其将技术产品产业化，增加边际效益。以往的成功经验表明[如浙江某企业，2003年在香港上市，当年股本5.31亿元，营业额29.94亿元，利润总额1.22亿元；2012年实现股本6.63亿元，营业额172.76亿元（同比增长4.77倍），利润总额12.02亿元（同比增长8.85倍）]，建筑业企业无论是内地主板还是香港上市，是其跨越式发展的难得契机，应积极加以引导。

4. 运维
建筑业企业是否要转型关注运维阶段

应对建筑产业的深化改革和转型升级，一些独具大格局、大思维、大战略的企业家开始谋划建筑产业的深层次改革思路了，中天集团楼永良董事长就是这样一位企业家。建筑产业是否到了发展的"天花板阶段"，仁者见仁、智者见智。汽车工业早就到了"天花板阶段"，大量的汽车企业不再是靠卖整车盈利，而是靠卖服务和零配件盈利，卖整车只是为了走量、抢点、布局。现在的问题就是要建筑业企业家来把握判断，要不要尽早抢点，布局到建筑产业的运维阶段？中天集团率先提出了两大战略，一是打造高质量发展的建筑服务商，二是打造幸福美好生活综合服务商，这是极具战略性眼光、格局宏大的决策判断。值得建筑产业的决策者们深入研究和把握，的确是一个重大的谋篇之作。

仍谈谈远大科技集团的颠覆性创新，其有 1+1 两方面颠覆性创新，一是远大非电中央空调，二是合同能源管理。远大非电中央空调在市场竞争中价格偏高，当然的确性能很好，很多公共投资项目望而却步。怎么办？他们创新了合同能源管理服务，设备安装运行后，比较全面服务 3 年、5 年、10 年，远大非电中央空调的优势就显示出来了，综合性价比很高，运行成本其实很低，客户比较后还是会选择远大。这是一个建筑工程专业化创新发展转型关注运维阶段的案例。

5. 自有劳务
建筑业企业自有劳务问题的讨论

江苏南通二建集团和中亿丰集团是江苏省乃至全国的优秀领军企业，也是稳健型发展企业，他们稳健发展的后面其实与他们自有劳务管理有直接关系。2018 年，作者前往做专题调研，发表了《自有劳务队伍是优势建筑业企业核心竞争力中的重要组成部分——对江苏南通二建和中亿丰坚持以自有劳务队伍提升核心竞争力的经验调研》的报告。

南通二建集团和中亿丰集团坚持以自有劳务队伍提升核心竞争力，取得了令人钦佩的成效，其经验做法值得借鉴。

南通二建集团 2017 年实现总产值 573 亿元，承建工程 600 多项，约 6500 万 m²，成为江苏乃至全国极具影响力的优势建筑业企业。其核心竞争力中的"工匠精神"和"铁军精神"受到行业的交口称赞，而"两个精神"的基础在于两条成功经验，一是有一支善打硬仗传承工匠精神的自有优秀劳务队伍，二是推行项目模拟股份制，充分调动全体项目部同志的积极性。目前，南通二建自有劳务队伍已近 2 万人，占其成建制劳务队伍（约 13 万人）的 15.4%。南通二建实施内部职工市场化劳务承包，价格基数为市场价的 85%，另 15% 用于绩效激励，实践表明其劳动工效明显高于市场工效（约 20%）。自有劳务职工能够主动参与企业创新发展和降本增效，主要通过改进操作动作、优化施工工艺、机械化操作等方式提高劳动工效，同时能够紧随集团推进的"五免八代"的技术创新创优做法，基层的小创新微创新积极性空前高涨，成为企业核心竞争力中的最重要的组成部分。特别是其创优工程项目基本上都是由自有劳务队伍承担的，其中由南通二建全资所属的南通奇润建筑劳务公司及其 100 多个优秀劳务班组已然成为核心竞争力的王牌，他们只对南通二建项目，不直接对外，所干项目个个成为精品。南通二建的自有劳务职工长期稳定，有归属感，但是社保问题一直未能很好有效解决，当企业主动要为自有劳务职工上社保时，种种原因有的职工还不愿意。另外，自有劳务的工种相对比较固定，主要是瓦工（约 8000 人）、勤杂工（约 3000 人）、水泥工（约 3500 人）、特殊工种（约2000人）、木工和钢筋工（各约1000人）、五金工（约500人）。南通二建坚持以自有劳务队伍提升核心竞争力的经验值得借鉴，也符合建筑业的发展规律。南通二建从中尝到了甜头，集团领导班子正在规划拟将自有劳务队伍占比从15%扩大到25%。

同样，中亿丰集团也是特别注重自有劳务队伍发展的优势建筑业企业。2017年，中亿丰实现总产值180亿元，承建工程项目250项，约1600万m^2，其自有劳务职工近8000人，占总劳务用工（约1.8万多人）的约44%，可能是目前建筑业中自有劳务职工比例最高的企业。中亿丰这些年发展扎扎实实，行业影响力和品牌效应不断提升，其成功经验概括地说，也在于二条：一是依靠自有劳务队伍打好品牌战，质量、安全、成本、进度控制管理越来越精细，竞争力越来越强；二是始终坚持稳健型发展战略，不盲从、慎跨界（精心做好建筑业产业链）、谨跨域（非常谨慎对待跨地区经营），坚持在建筑业主业上深化改革发展创新完善管理，坚持守护好苏州的建筑市场，不但最好而且最优，成为苏州建筑市场中最具竞争力的本土企业、创新企业、优势企业。在劳务管理上，中亿丰集团的经验主要在于三个方面：一是重视劳务安全，落实岗前安全三级教育、班前安全教育、隐患排查管控措施，开展安全体验教育并重视作业人员体检工作；二是注重技能提升，开展红旗班组活动，推选岗位明星，打造培育优秀工匠；三是适应装配式建筑等行业转型升级发展，提前规划培育新型劳务队伍。中亿丰自有劳务队伍建设已经非常成熟，其领导班子经研究决定要实事求是，适当降低自有劳务职工比例，拟从 44% 调整到约 25%。

以上南通二建和中亿丰坚持自有劳务队伍提升核心竞争力的经验做法，虽有所不同，但都足以证明自有劳务队伍是优势建筑业企业核心竞争力中的重要组成部分。当然，关于"自有"的概念也要实事求是，特别是要认真调研建筑业企业"自有"劳务职工的"三险一金"问题。

6. 拓展城市空间
山区城市拓展发展空间的讨论

2018 年 8 月，备受社会各界关注的延安新区岩土工程全面完成。参与延安新区建设的各方专家共同编写了《延安新区黄土丘陵沟壑区域工程造地实践》，应邀作序，作为岩土工程专业出身的科技工作者，我倍感荣幸，欣然接受。

作者曾经三次参与延安新区的评审论证和调研，2012 年 2 月应邀参加了延安新区一期综合开发工程场地平整规划初步方案专家评审会议并担任专家组组长，这是新区场地平整方案第一次评审会。会议基本确定了岩土工程场地平整、规划建设的基本原则和技术方向。专家们对方案在经济上、技术上、生态上作了充分论证，基本认同其可行性并提出重要改进完善建议。2014 年 9

月，作者又蒙邀陪同全国人大常委会原副委员长蒋正华调研再次来到延安。这时，新区一期岩土工程完工后已经一年，绿化恢复和市政道路等基础设施建设正在展开，感受到新区建设的勃勃生机。其后，作者即给延安市时任主要领导同志写了一封信，从技术角度对延安新区规划建设提出4个方面的建议。2017年1月，科技部组织专家在北京召开"十二五"国家科技支撑计划"黄土丘陵沟壑区（延安新区）工程建设关键技术研究与示范"验收会议，作者担任评审专家组副组长。专家们充分肯定了延安新区一期岩土工程的巨大成就和作为科研示范基地的显著示范效果。

《延安新区黄土丘陵沟壑区域工程造地实践》由直接参与新区建设的工程技术专家所编写，从项目的可行性研究、岩土工程勘察、设计、施工、检测、监测、实施效果后评价等项目建设的各个环节对延安新区工程造地做了系统梳理、总结和思考。读完之后，作者对延安新区黄土丘陵沟壑区域工程造地的重要实践有了更加全面、系统、深刻的认识。

一是延安新区工程造地破解了延安经济社会发展的土地制约瓶颈。有效遏制了黄土丘陵沟壑区最大的生态环境问题——水土流失，消除了地质灾害，将低丘缓坡等未利用地改造治理形成可建设用地20平方公里，"疏解老城"的目标有了实现的发展空间。延安新区建设彻底改变了线型城市发展格局。延安新区成为近年来延安人民引以自豪和向往居住生活的地方。

二是延安新区工程造地是岩土工程技术的一次重要创新。提出并建立了延安新区平山造地工程"三面二体一水控制论",有效解决了高填方工程复合系统的主要工程技术问题,实现了高填方工程的理论突破。因地制宜的地下水控制系统,创新性地采用"混凝土涵管+碎石盲沟"的排水结构,取得了良好的技术经济效果。"冲击碾压+强夯"的组合式施工方法,保证了含水量偏低不利条件下的土方填筑压(夯)实,避免了常规的洒水闷水处理对工程进度的影响。面向工程的大型现场试验,首次采用超高能级强夯(20000kN·m)将分层碾压填筑体再处理,提出高填方土地提前利用的一种新方法。探索形成一套科学的高填方岩土工程监测方法和立体监测系统,将自动化新技术与传统监测技术相结合,增强了监测的可靠性和及时性。可以说,延安新区黄土丘陵沟壑区域工程造地的实践是工程技术创新的一项典范,也是高质量发展的一次重要探索。

三是延安新区建设作为实施大规模造地工程的一次试点示范,既是复杂工程,也是系统工程,不仅仅是岩土工程问题且大大超出岩土工程范畴问题。科学论证,专家把关,避免了决策的随意性和工作的盲目性。科研跟进,实体模型试验是解决问题的重要举措。整流域治理,将技术风险降到最低,是最为经济的工程造地方式。分区分期进行房屋建设,以时间和空间规避风险,确保了项目建设的安全性和稳定性。长期持续监测，是高填方工程的基本保障措施。严密监测及实施效果表明，延安新区黄土丘陵沟壑区域工程造地的确堪称城市建设中的一次成功的试点示范。

科学技术的不断发展为建设重大工程提供了手段，工程实践又促进了科学技术的不断进步。站在地质历史的长河中，以科学的眼光审视黄土丘陵沟壑区域的工程造地和生态治理，尊重自然，顺应自然，尊重规律是我们岩土工程技术工作者的基本素质和职责。作者深信，延安新区黄土丘陵沟壑区工程造地的实践会给重大工程项目的管理者和广大的岩土工程技术人员带来不一样的启发、思考和收获。

试点示范的经验与教训
延安新区规划建设的成功示范

制约延安经济社会发展的突出矛盾与兰州完全相同，无非其经济规模比兰州小一半，土地资源的压力更为严峻，必须实施平山造地以解决发展的空间拓展战略。经陕西省委省政府批准，得到国务院有关规划、国土、水利、科技等部门的支持，延安开始了新区的规划建设，一期约20多平方公里，与延安老城区紧密相连（图2.9）。今后老城区只拆不建疏解压力，新的建筑和项目一律放到新区。第一次专家论证会的专家们总体认为该方案在经济上、技术上、生态上都是可行的。这是国内实施超

图 2.9　延安新区实景图

大型平山造地的一次成功示范。2017 年 1 月科技部通过了科技成果验收，成为全国平山造地建设新区的科技典范。目前，延安新区北区 24 平方公里的平山造地已经售出三分之一，成交额约 50 亿元。由于需求量大土地价格上涨快，延安市政府已有意放缓了土地挂牌出让。招商引资已超过 50 个项目，包括华为云计算数据中心等一批高科技企业进驻。

据分析，全国平山造地的平均造价约为 35 万~40 万元/亩，加上城市基础设施配套成本，总计约为 70 万~90 万元/亩，而一般二、三线城市老城区的拆迁整治成本可能会高达 400 万~500 万元/亩，且难度大，社会矛盾突出。

延安新区的土地出让费约为200万元（填方区）~300万元（挖方区）/亩，政府财政资金充裕，为整个新区规划建设步入良性循环打下了好基础。

兰州新区的实践与教训

兰州新区规划建设的初衷是拓展兰州发展空间，是国内最早最大规模的平山造地项目，是否成功评价不一，有待商榷。其深刻的教训值得反思：其一是合作模式上，早期由于没有PPP模式，没有大型央企、国企参与，被迫与民营企业合作，其能力和资金有限，初期受到很多质疑，且政府不发言，企业乱发言，更加添乱；其二是选址不尽科学，选址过远，俨然是另造了一个城市，老城区的资源用不上，基础设施要全造新的，资金压力更大，加上交通成本过大，招商引资困难很多，始终没有步入良性循环；其三是距机场过近，房屋限高，土地成本占比过高，加大了招商引资的难度，也难以尽快形成具有国际化大都市风貌的现代化的建筑轮廓线。

兰州碧桂园城关区项目的局部区域再实践

该项目占地约20平方公里，与城关主城区仅一河之隔，属于兰州市低丘缓坡荒山未利用地综合开发示范区范围。该项目一经推出，就在兰州产生了强烈反响，引领了高端品质住宅的方向。但由于面积有限，对全市的疏缓作用不大。当然该项目在技术上也有值得总结提高的地方。如果当初方案中能采用 2~3 层填土地基的高能级强夯技术，既可以有效提高地基承载力且完全消除黄土湿陷性，一般 8~9 层建筑可以直接采用天然地基不必打桩，再高建筑即便需要打桩，由于已消除了湿陷性桩长和桩数都可大规模减少，使建安成本大幅度降低。而该项目 2~3 层建筑都要打大量的 70~80m 长桩，建安成本陡然提高。

试点示范的启示意义

通过对试点示范分析，有三点启示：一是兰州的平山造地项目恰逢其时，可以广泛采用 PPP 模式，要大手笔，长远考虑。资金不是问题，技术不是问题；二是选址一定要近，且要有国际视野，要打造新的国际化大都市的创新示范区，要让兰州的城市风貌有一次巨大的质的飞跃，它就是甘肃版的浦东新区、郑东新区、合肥滨湖新区；三是技术方案要更加科学，论证要更为缜密，特别是高能级强夯技术一旦失之交臂，在做基础设施和建上部建筑时就无法再用了，将令以后建设成本增加。

进一步建议

为此，作者于 2018 年给甘肃省分管领导同志提交专题建议，建议甘肃省委省政府适时研究启动规划建设兰州创新示范区的重大战略决定。以打造有效缓解兰州空间压力的疏解集中承载地，加快补齐区域发展短板，提升全省经济社会发展质量和水平，培育新的经济增长极，探索西部省份人口经济密集地优化开发新模式。指导创新示范区规划建设发展方向的价值观至关重要，既是理论问题又是实践问题。从战略和哲学层面深入认识，增强自觉，是一项重大课题。

一要牢牢抓住低碳经济的实质。低碳经济不仅成为当今世界潮流，已然成为各国政治家的道德制高点，也揭示了城市规划建设的实质。建设创新示范区，要全面实现"绿色建筑"（即"四节一环保"建筑），大力推广超低能耗的被动式建筑，所有建筑工地都要实现绿色施工。规划建设之初就要把握好"大中水回用"的节水战略（即中水厂跟着污水厂建，中水管线跟着市政管线走，中水用于园林、景观、工业及住宅），建设海绵城市。规划建设之初就要把握好城市综合管廊规划建设。规划建设之初就要贯彻中共中央、国务院《关于进一步加强城市规划建设管理工作的若干意见》中有关大力推广装配式建筑的要求，应借鉴上海市的经验和敦煌文博会主场馆的成功示范，规定示范区所有新建建筑都要采用装配式，实现更好、更省、更快建设，一举走在全国前列。这也是兰州创新示范区的应有内涵。

二要正确把握好示范区规划建设发展方向。国际化大都市应把握好的三件重要事宜：城市天际线、建筑轮廓线、科学的交通路网，示范区起码要充分抓住机会把握好建筑轮廓线和科学的交通路网。建筑轮廓线就是要求示范区的地标性建筑保持高度、体量、色彩、风格上的协调，浦东开发就特别注重了这一点，政府始终在担当这一把关责任，取得了举世公认的成就。科学的交通路网就是要有历史发展的眼光，要管长远，路网密度要足够，纽约曼哈顿就尝到了这一甜头，建筑该高时一定要高，反而更加充分地利用了土地空间。

三要具有引领规划建设发展方向的自信。无论历史地看还是现实地看，中国都将引领世界城市规划建设发展方向，这是中华民族伟大复兴的中国梦不可或缺的部分，这就是文化自信。应把握住创新示范区规划建设的契机，充分展示西部省会城市跨越式发展的雄姿，演义中华民族伟大复兴中国梦历史责任的又一经典范例。

第三章

科技跨越

一、BIM
建筑产业科技跨越首当抓BIM应用

2018年,作者会同肖绪文、吴志强、叶可明、聂建国4位院士和有关专家许杰峰、毛志兵、石治平、马智亮、王要武、王广斌、袁正刚、杨宝明、刘宇林等深入研究并起草了《关于启动"中国智能建造2035"重大项目研究的建议》的报告。报中央领导同志后受到高度重视,作出重要批示。政府有关部门正加快解决报告关注的问题。

十九大报告指出,**推动互联网、大数据、人工智能和实体经济深度融合。要大力改造提升传统产业,建设数字中国**。2017年全球超高层建筑有一半在中国,我国建筑业将引领世界建筑业发展方向是不以人的意志为转移的。要建设数字中国,就要建设数字城市或智慧城市,基础在于数字建筑或数字建造。在BIM技术基础上综合应用云计算、大数据、物联网、移动互联网、人工智能及3D打印、VR/AR、数字孪生、区块链等。

BIM(Building Information Modeling)技术是当前数字建造中最基础性的应用,已经在房屋建筑特别是超高层建筑和大体量建筑、高铁建设、高速公路建设、特大型桥梁建设以及市政工程建设等方面广泛应用。然而,在推广应用BIM技术中发现,一方面我国有着全世界最大的应用体量；而另一方面，突出的问题是我们没有自主知识产权的BIM基础平台，导致BIM软件的国产化程度太低，目前市场上规模较大、应用比较成熟的BIM基础平台，都掌握在国外软件商手中。据不完全统计，我国建筑业每年要花费十几亿人民币购买这类软件和使用权。国内虽有为数不多的几家软件商在积极研发自主知识产权的BIM基础平台，但目前还难以改变国外软件垄断的局面。这会引发三方面严重问题，必须从国家战略的层面加以解决，一是对国家信息安全构成严重威胁，二是无法实现BIM技术应用价值的最大化，三是制约我国建筑业企业及建筑软件商创新引领能力的提高。

以上状况必须改变，要尽快启动"中国智能建造2035"重大项目研究，打造我国自主知识产权的三维图形平台和全球领先的建造信息模型平台。真正使我国数字建筑业弯道超车，实现跨越式发展，引领世界数字建筑发展方向。

具体建议如下：

加快启动"中国智能建造2035"战略研究

建议首先启动"中国智能建造2035"发展战略研究，组织我国管理科学、计算机技术、网络技术、工程图学、机械电子技术与建造技术等相关领域的专家，针对建造全过程进行硬件制造和软件开发，将云计算、大数据、物联网、移动互联网、人工智能等技术与建造技术深度融合，开发我国自主知识产权的软件和硬件系统，打造全球领先的建造信息模型平台 BIM 和城市信息模型平台 CIM，开发适于各种工程建设及施工的机器人代替人工作业，实现工程建造与城市的规划、设计、施工和运维全过程无缝衔接的智能化建造、运行和管理，实现建设全过程的绿色化、智能化、精益化、专业化、机械化和装配化发展要求，力争在 2035 年在软硬件方面引领世界发展，助推国家安全，实现绿色、智慧和国际化建造。

抓紧三维图形平台立项

从国家安全和经济社会发展的实际出发，时不我待，立即启动把三维图形平台国产化作为"核高基"等关键核心技术工作，要作为国家未来中长期发展战略的重要内容。支持软件企业、建筑业企业和高校深度合作，在一些企业已具备基础的情况下，加大资金投入、人员投入和政策支持力度，打造出自主知识产权的三维图形平台，成为中国建筑软件的基础"芯片"，支持中国建造的转型升级。

积极稳妥推进自主平台建设

对政府投资项目或重点工程项目应试点使用国产平台，包括鼓励使用基于国产三维图形平台研发的 BIM 软件。建议有关部门对政府投资项目应明确要求优先使用自主平台，特别是对关乎国计民生的重大项目，如雄安新区、大湾区建设等更应具体规定。这类工程在立项阶段应明确要求业主列支专项费用，并保证资金专用。

全面广泛推动自主平台应用

行业协会组织是推动BIM技术应用最积极的力量，组织了各类建筑信息模型的大赛活动。首先，应鼓励有关行业协会编制自主平台应用方面的团体标准，并向其广大会员单位推荐，推动平台的产业化应用。当自主平台成型后，组织国内建筑信息模型大赛活动时，应明确要求积极推广国产软件和自主平台应用。这应当是行业协会组织的职责。

2018年，作者应约为《BIM改变建筑业》作序。

建筑业是我国国民经济的重要支柱产业。2017年全球超高层建筑约70%是由中国企业建造，有50%是在中国。我国建筑业将引领世界建筑业发展方向是不以人的意志为转移的。要建设数字中国，就要建设数字城市，基础在于建设数字建筑，建设本身应当实现数字建造。数字建筑和数字建造就是在BIM技术基础上综合应用云计算、大数据、物联网、移动互联网、人工智能及3D打印、VR/AR、数字孪生、区块链等。

目前，关于数字建筑在学术界尚未形成权威的统一概念，但数字建造则是一个实践层面的科技发展问题，来得非常迅猛，不以人的意志为转移。所谓数字建造，其实与智能建造、智慧建造并无本质区别，只是内涵上稍有差异。BIM应用能够为业主创造价值。BIM技术以及在BIM基础上与其他科技结合引领建筑业的科技跨越是建筑产业未来发展的重要内涵。

鲁班软件研发BIM的思路涵盖了城市级的CIM、工程级的BIM乃至住户级的DIM，三者合一简称CBD，整个体系比较完整。由其带领的鲁班软件所研发的CBD的产品与实践也让作者为之一振。他们坚持在BIM领域的持续研究与实践，对于BIM技术的深刻理解，对于国产自有知识产权的坚持，值得肯定。鲁班软件就是国内为数不多的几家始终致力于BIM软件国产化和不断实践的软件商之一，他们的自主知识产权的BIM应用软件和建模程序对于量大面广的普通造型的建筑来说已经基本能够满足BIM技术的应用要求，效果较好。建筑产业需要更多的像杨宝明博士一样的企业家与创新者，才能推动中国建筑产业的转型升级与科技跨越。

上海市正在探索超大型城市的数字化管理技术的引领创新，他们承担了杨浦区的试点示范项目，这是一个开创性工作。如果实现推广，将会促使新建建筑从一开始就形成自上而下的倒逼机制，对整个建筑产业推广BIM技术将会产生极大的促进作用。目前阶段来看，施工单位相对较为积极主动，但仅仅依靠其来推动，而设计单位如果不积极响应，则BIM技术的应用效果将会十分有限。我认为，此举措若能成功，将会很好地开拓BIM技术广泛应用的新局面，由上而下一举打通BIM应用全过程和全产业链的通脉，意义非同一般。

基于以上分析研究和认识，作者概述BIM技术应用中有 4 大问题必须加以解决：

1. 引擎问题
必须从根本上解决 BIM 软件自主引擎的"卡脖子"问题

推广应用 BIM 技术要突出解决三个问题，根本性的是三维图形平台的引擎问题，即"卡脖子"问题。目前国内项目用的引擎基本上都是国外的，广联达已研发有自主引擎，但推广应用还很少。为此四位院士和部分专家给中央领导同志提交"中国建造 2035"的建议中明确要求首先要解决引擎问题。在中央领导同志作出重要批示后现国家已经立项推进国内自主三维图形引擎的研发工作。

引擎问题已严重制约我国建筑业企业及建筑软件商创新引领能力的提高。由于缺乏具有自主知识产权的三维图形平台支撑，我国的建筑软件商核心技术基本依赖国外，建筑业企业与 BIM 软件商难以强强联合，始终处于被动引进、甘当下游的尴尬局面，不利于"一带一路"走出去的国际竞争力以及智能建造领域创新能力的提升。事实已深刻表明，我们还在受制于人，必须加快改变被动局面。我非常赞赏国资委一位领导同志在一次讲话里说的,他说如果这个问题(指重大科技)认识不到,是我们的政治站位不高。

2. 安全问题
当务之急要率先解决 BIM 三维图形平台的"安全"问题

现在许多设计院和施工单位往往越是重大项目越是用国外三维图形平台，由于是云服务，数据库都设在国外，只要上云平台数据瞬间就到了国外，所以要注意安全问题。目前国内已有三家自主三维图形平台，广联达（包括自主引擎）、鲁班和PKPM（引擎是国外的，平台是自主研发的，数据库设在国内），为此我们要大力推广运用国内自主平台。

建筑业正在大力推进BIM应用，由于缺少自主知识产权的三维图形平台，国内BIM软件商只能基于国外图形平台或在国外BIM产品上做二次开发，很多建设、设计、施工单位甚至是直接购买应用国外BIM软件。两者都要向国外软件商交使用费。近几年，这些软件商纷纷转向云平台的服务模式，把更多的功能包括三维图形功能都放在云平台中，不再提供单机版软件，而其云平台的服务器均设在美国。据了解，目前国内多数大型建筑业企业已经在使用这种云服务，大量的建设数据，包括国家重点工程项目数据等重要信息都被美国全面掌握，存在着十分严重的信息安全隐患，直接威胁到我们的国家安全。

那怎么办？其实我们建筑产业现在已经是有三个自

主平台：广联达不但引擎自主，数据库也是自主的；鲁班软件虽然引擎是国外的，但是数据库在中国；PKPM主要用在装配式上，引擎是国外的，但数据库在中国。所以一定要了解了再用，要问问用的是谁的三维图形平台，有没有安全风险，我们是不是重点工程或民生工程，安全问题一定要摆到重要位置上来。

3. 贯通问题
重视设计－施工－运维阶段BIM应用的"贯通"问题

现阶段，建筑产业已基本上做到无BIM不项目，但是仍有很多设计院还不积极，这样要解决设计和施工BIM不贯通的问题就显得困难，BIM的价值就难以充分发挥。中建八局的周大福项目，在设计院的配合下，他们共同从设计阶段开始建模，这样BIM就从设计到施工、运维全部打通，创造建筑工程项目全过程和全产业链的应用价值。

4. 价值问题
强调BIM应用的"价值"问题

国内有很多成功的范例，如北京中国尊项目，通过BIM应用共发现了11000多个问题，提前解决这些可能发生的拆改或返工问题所节省的投资和创造的价值超过2个亿，缩短工期超过6个月。所以今后我们再讲

BIM，要讲价值，不要光讲技术，其实应用者本身也不是专门研究 BIM 的，只是一个学习者、应用者，学会了就跟行业其他同志来抖机灵。不要这样，一定要讲价值。丁烈云院士指出，推广应用 BIM 不但要重视技术，更要重视价值。

作者关于以上内容的演讲视频

二、发展趋势

未来已来的若干发展趋势

1. BIM 与 CIM
关注 BIM 与 CIM 的关系

随着智慧城市的发展，城市建设信息平台 CIM 技术要快速推广应用，其最重要基础部分仍在于 BIM，因此我们要特别关注 CIM 与 BIM 的结合问题。所谓 CIM，如前述就是智慧城市，这是吴志强院士率先提出的概念。建筑产业很希望所有城市都提出智慧城市的要求。而 BIM 是 CIM 的重要支撑，那么智慧城市就会要求所有的新建项目都必须提供 BIM 大数据。再发展一步，不但是新建建筑必须提供 BIM 大数据，既有建筑通过数字孪生也必须提供 BIM 大数据，这对建筑产业 BIM 技术应用水平空前利好。所以我们迫切希望所有城市都率先提出智慧城市的要求。现在了解到雄安、上海、杭州、厦门、福州、深圳等都已经率先提出了全部或某一个区域的智慧城市的要求。

2. 集采平台
供应链之集采平台

关注供应链、集采问题。我们现在大企业基本上都有自主集采平台，大概能节省 1～2 个点，当然也分材料不同。我们最大的自有平台是中建的，规模已经达到 5000 亿元，节省的额度非常大。近期，建筑产业中已经开始出现公共集采平台的雏形了，一个是筑集采，一个是筑材网。他们已经在引领公共集采平台发展方向了，规模就比单一企业集采平台的规模更大了，约有近 300 家特、一级企业上线，规模近 2000 亿元。我认为重大突破是两点，一要鼓励免费上，要找到羊毛出在猪身上的办法。一方面是把商业银行给的普惠金融的规模翻倍，比方说给 200 亿元 1 年，平台能把它反复 n 次做到 2000 亿元，放大 9 倍，这 9 倍里边是平台的价值。二是普惠金融，普惠金融对供应商来说打通了他一个关键痛点，就是成交后不能即时拿到钱，往往要三个月到五个月，最后还要打个八折。打通了这个痛点，广大的中小微建筑产业供应商积极性空前高涨，成交额大幅增加，采购成本会明显降低。所以这两大突破，是公共集采平台最重要的地方。那么现在怎么办？走量，必须靠量，千亿级平台是必须的。本来这两个公共平台雏形就是朝阳，旭日东升、喷薄欲出；据说最近某大型国有企业，不是建筑业的，具有金融保险优势，社会信誉度非常高，他可能要进到供应链里面来。如果他进来可不得了，那就不是千亿级平台了，要达到万亿级平台。2019年建筑产业总产值是24.8万亿元，大概有一半多可能都要通过供应链集中采购的。今后建筑产业中可能会涌现出若干个，两三个或五个万亿级平台，这对建筑产业绝对是好事。平台越大，成本越低，到那个时候基本都是工厂价。所以很多中间环节供应商，何去何从要考虑好了，要了解到这个发展趋势。今后包括很多建筑业的小微企业分包商可能也要转了，原来他在需求侧，可能他就到了供应侧去了。自愿上公共平台来供应，包括做装修的、做机电的等都可以。所以，这是一次重大变革，实为一场革命。据说，到了万亿级平台可以节省5～8个点，要拭目以待。这样回过头来看，还有一个时间差，大概也就是3年左右。一种发展可能，是筑集采、筑材网快马加鞭、厉兵秣马赶紧冲科创板，当然要带着广大的建筑业企业，凭什么跟你走？免费上线、普惠金融，这样才能跟着你走。否则凭什么跟你走，尽管你的平台交易价比我企业平台的交易价略低点，但是上你平台要收费，那我们就等吧，等着那个大块头万亿级平台出来吧。所以公共集采平台要千方百计抢量，什么最大？走量最大。所以一定要抓住这次难得的契机。

3. ERP
重视 ERP 打通与加强企业管理安全

很多大企业的项目与区域公司、区域公司与番号公司之间已基本上能够能实现打通，但番号公司与地方国企的集团之间、番号公司与央企的局之间往往还没有打通。他有很多痛点是不知道的，如突然一个官司打上门来了，发现下边一个公司盖过章，经鉴定还是真的；管理失控，如材料进货失控等，痛点很多。所以，一定要将 ERP 打通，这也是建筑产业数字革命的必然要求。我们要关注他们后续打通对加强风控管理的重大效果。上海建工马上要全面打通了，其实所有建筑业企业特别是大企业都要打通。这会是企业管理上的一场革命。

4. 数字孪生
真正意义上的 BIM 数字孪生

我们现在所说的数字孪生是指把图纸变成 BIM 大数据，当然，这的确是数字孪生。但我认为，真正的数字孪生是把真实的建筑反馈到 BIM 大数据。如何可以做到？据说由院士领衔某课题组，正在研究这个问题。我们国家北斗技术发展很快，已经到了毫米级了。北斗结合无人机、精密测量，就可以实现毫米级的把一个建筑的真实尺寸完全反馈到 BIM 大数据中，对此我们要关注。

5. 智慧建造
稳步推动智慧建造的发展

大型建筑业企业都立志引领智慧建造的发展方向，某央企已在超高层项目主体结构核心筒施工中率先引入无人造楼机的概念，即自动绑扎钢筋、支模板、浇筑混凝土、养护、自动爬升等技术的综合应用，基本实现无人全自动控制。当然这还只是概念，还是刚刚起步阶段，但是发展潜力巨大，应予以关注。

6. 区块链
研究区块链技术在建筑产业中的应用

2019 年 10 月 24 日习近平总书记在中央政治局学习中指出，**区块链要和实体经济深度融合**。全国各行各业都在思考区块链怎么推进中国经济社会的发展。区块链之所以被中央如此重视，在于它可能变革的远不止是我们所看到的技术问题，而是它背后可能会对整个经济社会带来的根本性改革，是生产力和生产关系的重新调整。

建筑产业如何应对区块链的发展？作者本人还处于学习阶段。清华大学互联网研究院院长朱岩教授近期应邀为 2019 年度鲁班奖颁奖大会的学术报告会做了场关于区块链技术发展的精彩报告，我很受启发。数字人民币做支付将是一个双离线支付，企业在承接海外工程，在企业与企业之间的结算上意义是划时代的，尤其国际的结算将不会再用美国所掌控的体系。基于区块链所带来的是一种可信社会的到来，是在这个社会里边大家要彼此变得更加可信。说明我们要建立一种新的经济秩序，新的金融秩序，新的世界秩序。建筑业是一个巨大的产业，也是一个传统产业。传统产业的生态存在劣币驱逐良币的问题。新的产业生态就是要向可信的良性循环的方向发展，构建新的产业生态，叫生产关系的重构。十九大报告指出，要着力构建实体经济科技创新、现代金融、人力资源协同发展的产业体系。实体经济要插上两个翅膀，一是科技创新；一是现代金融。改革的深水区是无人区，已经超无可超，建筑产业金融领域，怎么创新？上链之后就有了大量可信交易凭据。区块链的核心技术非常重要，但更为重要的需要在我们行业里面建立一套新的奖惩机制，这样我们才能够良币驱逐劣币。也就是说我们要让它在建筑产业的存证可信系统里面一切都暴露在阳光之下，认真踏实做事的将会得到社会的奖励，得到行业的认可。区块链在建筑产业发挥作用，需要重塑生态。

国务院决定同时在深圳、苏州、雄安新区和成都4个城市开展区块链应用的试点示范，苏州的相城区是试点示范区。为此，中亿丰集团在区委区政府指导下将开展工程项目区块链应用的试点示范，相信该示范项目将是全国建筑产业区块链应用的开先河者。据中亿丰集团总工程师李国建介绍，该示范项目拟在两方面率先应用区块链，一是 DCEP 系统，主要是在当地试点银行具体指导下将 DC 与 EP 用于项目全过程的各种往来账户之中；二是在项目的合同履约系统（包括合同文本和项目所用各类文件文本等）以及农民工工资支付系统等实现上链，做到真实、不可更改、留痕、可信，为诚信体系建设筑牢基础，进而真正实现建筑产业的生态重构。为此，朱岩院长给予了他们热心指导，我亦在密切关注。

7. 对雄安新区重大项目 BIM 应用的建议
雄安新区重大项目与 BIM 应用

同济大学王广斌教授的研究团队承担了雄安新区的"建设项目 BIM 审批平台发展策略研究"重大课题，很有意义。2020 年 3 月 23 日，雄安新区召开"建设项目 BIM 审批平台发展策略研究"课题评审会议，我应邀作为评审专家组副组长参会并发言，摘要如下。

该课题的研究对于雄安新区引领规划建设发展方向具有重大示范意义，其中 BIM 应用最为突出的是突破以下重要课题，真正引领发展方向：

（1）率先采用自主三维图形平台的引擎，解决"卡脖子"问题；

（2）必须应用自主三维图形平台，数据库必须设在国内，解决"安全"问题；

（3）率先要求所有重大项目BIM应用必须设计与施工共同建模，必须能指导今后的运维，必须能为智慧城市建设提供数据支撑，解决"贯通"问题；

（4）要求所有重大项目BIM应用必须突出价值，要求量化BIM应用更好更省更快的示范效果，即每个应用项目都必须总结发现多少碰撞问题，节省多少成本，缩短多少工期。

会后，我又针对雄安新区近期基础设施重大项目开工比较集中的发展态势，深入思考了雄安新区还要率先解决岩土工程BIM应用零的突破建议。经与王广斌教授等沟通，进一步提出雄安新区应在重大项目的岩土工程中率先BIM应用，以引领该领域世界发展方向的建议：

（1）应率先要求所有重大项目必须从勘察开始，到设计，到施工，到验收全过程岩土工程BIM建模，全过程BIM数据孪生；

（2）应试点开展岩土工程BIM应用的碰撞试验，以发现岩土工程BIM应用的规律并研究其应用价值；

（3）岩土工程BIM应用要求业主单位或总包方与勘察单位、设计单位、基础施工单位共同建模。

率先开展岩土工程BIM应用具有重大意义。上部结构工程BIM应用碰撞试验的效果是算术级的，如中国尊，而岩土工程BIM应用碰撞试验的效果则可能是几何级的；岩土工程BIM应用的纠错不仅是设计、施工，还包括勘察；不仅是优化设计和改进完善原有方案，还完全可能颠覆性推翻原方案而重新确定方案，意义更大，效果更突出；岩土工程BIM应用中的数字孪生对大量的隐蔽工程如桩基础工程的数字孪生，将彻底变革现有监管方式，带有革命性创新；岩土工程BIM应用对现行岩土工程方案的决策体制机制会有重大冲击，将会极大地鼓励EPC模式创新和全过程咨询服务模式创新。

建议开展试验研究，主要内容如下：

（1）在雄安新区重大项目中选择大、中、小项目各一个（共计3个），率先从勘察到设计，到施工，到验收全过程开展BIM应用；

（2）3个试点示范项目只突出做好BIM数字建模、数字孪生和数据入库工作；

（3）3个试点示范项目可尝试进行碰撞试验，但暂不作为优化设计和改进完善方案的试点工作。优化设计和改进完善方案工作待雄安新区重大项目岩土工程广泛应用BIM并形成BIM大数据库后再适时开展，即岩土工程BIM应用的价值分析暂不全面。

该项研究的重大创新点如下：

（1）率先在雄安新区重大项目的岩土工程中应用BIM，率先在雄安新区完整地建立包括上部结构和岩土工程的 BIM 数据库；

（2）率先将岩土工程勘察、设计、施工、验收全过程大数据入库；

（3）鉴于在岩土工程 BIM 应用方面，雄安新区已然引领世界发展方向，建议这次 3 项示范工程 BIM 应用的引擎必须是自主的，三维图形平台最好是自主的，起码平台的数据库必须设在国内，以确保安全。

三、重大课题

中国建造高质量发展战略研究

2020 年 5 月 13 日，作者应邀参加中国工程院"中国建造高质量发展战略研究"重大咨询研究项目启动会并作为评委发言。

中国工程院和住房和城乡建设部共同支持和推动本项目——中国建造高质量发展战略研究。项目顺应我国高质量发展的历史趋势，按照党的十九大提出的"2035 年基本实现社会主义现代化，到 2050 年将我国建成富强民主文明和谐美丽的社会主义现代化强国"的战略目标，系统分析为推动中国建造高质量发展所需解决的重大问题，从人才培养、科技创新、管理提升、市场治理等方面规划中国建造高质量发展的关键路径，为建立"质量创造效益、人才促进生产、创新展现动力、市场激发活力"的高质量格局，提升中国建造的质量品牌提供有力支撑。围绕上述研究目标，确定本项目研究内容如下：

专项1：中国建造高质量发展战略路径

整体描绘我国工程建造创新发展战略目标体系，明确实现中国建造高质量发展的关键路径。

专项2：中国建造全生命周期绿色工程

研究绿色建造发展现状、关键技术、标准体系和治理机制，提出建筑业绿色发展战略路径。

专项3：中国建造质量安全工程

研究中国建造质量安全现状和评价体系，凝练中国建造质量安全工程一体化治理机制。

专项4：中国建筑业企业能力提升工程

分析影响我国建筑业企业核心竞争力提升的个性或共性问题，提出提升企业业务经营与盈利能力的战略规划与政策保障。

专项5：中国建筑业从业人员能力提升工程

研究中国建筑业人力资源的问题和需求，提出为推动高质量建造所需从业人员培养的体制机制。

专项6：中国建造高质量发展科技支撑工程

研究中国建筑业科技发展和应用现状，分析行业前沿科技，提出科技创新引领中国建造高质量发展的实施路径。

专项7：中国建筑业行业治理工程

研究中国建筑业行业治理现状和需求，提出中国建筑业行业治理任务、管理方式和体制的创新路径。

我的发言摘要如下：

首先，我完全赞成中国工程院会同住建部设立"中国建造高质量发展战略研究"的重大课题。相信该项目研究成果一定会极大地促进中国建造实现高质量发展的目标。7个专项的汇报都很严谨，6大工程，13项课题，合成后堪称是中国建造高质量发展的引领性重大研究，众望所归。今天参会是一个学习过程，在完全赞成立项之余，谨提出两点完善性意见，供有关课题组同志研究参考。

关于体系问题

本立项把握在"中国建造"，我认为非常好。习总书记在2019年新年贺词中指出，中国制造、中国创造、中国建造共同发力，继续改变着中国的面貌。现在看来，中国建造已然被广泛接受，从最高领导到普通群众。

反观我们行业自身的术语，倒是见仁见智。如建筑业，国际国内理解完全不同，国际上是广义基本建设和广义建筑业；国内则是狭义基本建设和狭义建筑业，即施工行业。从这个意义上分析，其实《建筑法》只是一部关于狭义基本建设的狭义建筑业法了，必须修改完善。

现在既然明确是中国建造，那就应当明确是广义基本建设（民用+工业），广义建筑业，即要包括24.84万亿元全部建筑业总产值，要包括10.38万家全部建筑业企业，要包括2.36万家全部设计单位，还要包括 28.66 万个（2019 年）所有新开工项目，以及 40.2 亿 m^2（2019 年）所有竣工的房屋；即要包括业主、设计、施工、咨询、验收等各方主体以及所有产业链方面，都属于广义建筑业。如果仍然说不清，那么就都统一回到"中国建造"上。确切地说，课题的本质就是**建什么样的高质量项目，如何建造这样的高质量项目**。应当说7个专项基本上是统一在"中国建造"上了，只是专项4、专项5、专项7中关于建筑业的界定请再慎重研究，我看有的部分内容指的仍然是狭义建筑业，即施工行业。显然，如果只有施工行业提高水平是不能完全实现中国建造高质量发展的，如果只有施工企业的人才能力提高也是不能完全实现中国建造高质量发展的。

关于逻辑问题

中国工程院立该项重大课题的目的是什么？显然是要有价值，就是指导中国建造在百年未有之大变局的关键节点能够实现高质量发展，甚至引领世界发展方向。

那么中国建造的现状和改革到底怎么样？要把脉准确。该重大课题与其有逻辑关系。

深化改革。国办19号文中重要的改革有四个方面，关于市场模式改革，明确鼓励设计施工总承包模式；关于招投标制度改革，明确按投资主体重新要求，对社会资本投资项目不再简单一刀切；关于政府监管方式改革，明确对甲乙双方同等要求同等问责；关于质量监督主体责任改革，政府如何把好质量最后一道关，明确要研究建立质量监督体制等。

重点是市场模式改革，明确鼓励EPC。市场经济就要符合市场经济的规律，有宏观经济学和微观经济学。从宏观经济学来分析，我们国家改革发展的实践非常成功，而从微观经济学来分析，改革发展还有个别痛点，其中尤以微观经济学的第一假定第一原理，一直没解决好，工业项目解决的好，城市公共投资项目一直解决的不好，问题很突出，超概算、超工期、产生腐败，走出去初期个别项目打过败仗。EPC就是要通过优化设计、缩短工期、节省投资，实现更好更省更快。要全面推广实现设计施工总承包。与此同时，发改部门等推动PPP，则是更深入改革。行业里讲，不会当乙方就不会当甲方。但是一些拿到PPP项目的企业没有深刻领悟，没有结合EPC，没有优化设计、缩短工期、节省投资，PPP与非PPP项目比较，其更好更省更快的改革效果没有体现出来。PPP没有产生这个价值，必然走不下去。如此，在传统市场模式、EPC、PPP三种模式下的项目如何都能实现高质量发展，如何都能提升人才能力问题等应当是课题的本质要义。

转型升级。从全面深入地推动绿色建筑到绿色施工再到大力发展装配式建筑，下一步还可能要到发展超低能耗被动式建筑。为什么要发展装配式建筑，其实最根本的是解决建筑产业的劳动力红利危机与转型问题。

科技跨越。建筑产业的科技跨越的重点在于BIM应用以及BIM与新科技的融合发展。BIM有4个关键问题，第一是引擎，即"卡脖子问题"。第二是平台，即安全问题。第三是贯通问题。第四是价值问题，这是核心要义。

BIM的6个关系。第一是BIM与CIM，就是智慧城市。第二是BIM与供应链。第三是BIM与ERP。第四是BIM与数字孪生。第五是BIM与AI智慧建造。第六是BIM与区块链，国家决定在深圳、苏州、雄安新区、成都四个城市率先推行区块链应用。

综合以上分析，目前行业里比较热闹的就是"三个绝配"，即装配式+BIM、装配式+EPC、装配式+超低能耗。下一步发展可能是装配式＋智慧建造。

简言之，中国工程院的重大课题应基于以上改革、转型的现状，提出下一步以及今后一段时间（2035）的高质量发展的建议，要基于现状，从现状到未来，这是一个逻辑问题，这样成果建议的可操作性就会非常强！

第四章
哲学思辨

第四章 哲学思辨

一、全面辩证

看待任何事物都要用全面辩证思维

1. 汶川地震

案例1：关于汶川地震房屋震害情况的权威评价

全面辩证思维是马克思主义政党的基本哲学观点，看待任何事物都应用全面辩证思维。只有全面辩证思维才能使格局更高，胸怀更广。

四川地震灾区震后遥感影像图及地震构造示意图

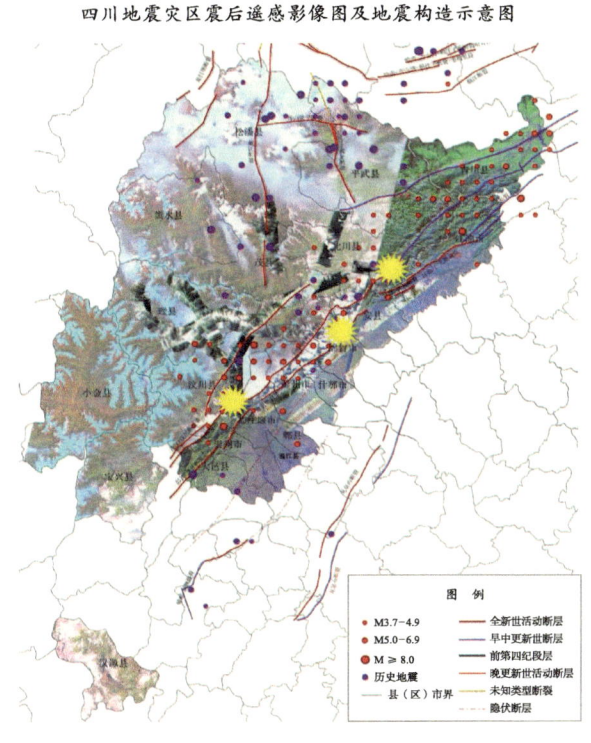

图 4.1　地震分布情况

"5.12"汶川地震（图4.1），震级8.0级，震源深度14km，地震主要能量释放在一分多钟内完成。随后发生余震2.6万余次，其中最大余震震级达6.4级。据民政部门统计，截至5月底，四川、陕西、甘肃等十个省（市）共倒塌房屋696万余间，损坏2336万余间。其中，四川省倒塌房屋558万余间，损坏2001万余间。

面对人类历史上一次罕见的大地震，给国家和灾区群众造成如此巨大的灾难，做全面、科学、系统的房屋震害研究必不可少，这也是历史的要求。

抗震救灾期间，作者作为住建部总工程师带领调研组（包括时任四川省住建厅总工田文、时任甘肃省住建厅总工梁文钊、时任四川省质量监督总站副站长向学、时任四川省建筑科学研究院副院长高永昭、时任四川省德阳市住建局副局长邓宁、时任四川省绵阳市住建局总工张汛、正在映秀镇援建过渡安置房的时任广州市住建委副主任向恩明、时任住建部稽查办综合处处长韩煜和马骏驰博士等）对遭受地震破坏最严重的绵竹市汉旺镇、北川县城和汶川县映秀镇三个震害最重城镇的房屋毁损情况进行了全面深入的实地专题调查和现场踏勘（图4.2）。

房屋震害研究，应突出把握好全面和辩证的分析，**要做各种破坏原因分析**。

以北川县城为例，其遭到毁灭性破坏的主要原因有：

（1）强震作用力（是最主要的）（图4.3）；

第四章 哲学思辨

图 4.2　相关同志在北川县、汉旺镇、映秀镇实地考察

（2）地震中心区过大地表开裂或隆起（极罕见）（图4.4）；

（3）江河滩涂附近强震引起强烈的砂土液化（极个别，但在映秀镇出现）（图4.5）；

（4）山体滑坡造成建（构）筑物被埋或被冲切破坏（以北川县城最为突出，北川县城因山体滑坡造成老城区近1/3被埋没，新城区近1/4被埋没、破坏）（图4.6）。

图 4.3　强震作用力
（汶川地震——映秀镇漩口中学）

图 4.4　震中心区过大地表开裂或隆起
[集集地震——某体育场（汶川地震未发现典型案例，借用台湾"9.21"地震的一个典型案例）]

149

图4.5 江河滩涂附近强震引起强烈的砂土液化
（汶川地震——映秀镇漩口中学）

图4.6 山体滑坡造成建（构）筑物被埋或被冲切破坏
（汶川地震——北川县城）

总结一：要做各种破坏状态分析。

以汉旺镇为例，其房屋受损调查结果分析：

整体倒塌

20世纪80年代以前修建的房屋，包括50年代修建的砖木结构及未经正规设计建造的房屋几乎全部倒塌；按74版《抗震规范》设计，因抗震设防标准较低，构造措施较差或无构造措施的房屋，80%以上整体倒塌。

部分整体倒塌或局部倒塌加严重破坏

1980～1990年间修建的房屋，或虽按78版《抗震规范》进行设计，因抗震设防标准仍然较低，构造措施仍然较差，约有40%～50%整体倒塌，其余为局部倒塌加严重破坏。

未整体倒塌但严重破坏或局部倒塌加严重破坏

1990～2000年间修建的房屋，按89版《抗震规范》进行设计，因抗震设防标准有一定提高，并采取抗震构造措施，该时期修建的房屋，一般未出现整体倒塌但有严重破坏，或局部倒塌加严重破坏，局部倒塌的原因有待分析。另外，汉旺镇有几栋楼虽为70年代修建，但按89版《建筑抗震设计规范》进行抗震加固的房屋亦属于此类，没有整体倒塌但严重破坏。

未整体倒塌但有破坏甚至严重破坏

2000年以后修建的房屋，按01版《抗震规范》进行设计，因抗震设防概念明确，抗震构造措施要求严格，该时期修建的房屋，即使烈度为10度，超过设防烈度约4度，一般也未出现整体倒塌或局部倒塌，仅为破坏甚至严重破坏，有些可能有加固价值，有些经鉴定应予拆除。

通过对汉旺镇房屋倒塌毁损情况的研究分析，我们可以初步得出结论，**只要完全按照现行的01版《建筑抗震设计规范》设计施工，即使地震作用超过设防烈度一些，建筑物也可以在大震时不倒，保证室内人员的生命安全**；基于唐山地震经验教训编制的89版《建筑抗震设计规范》，能够保证地震作用初期房屋不倒塌，为室内人员逃生赢得宝贵时间。

总结二：**要做城镇房屋与农村房屋的震害对比分析。**

据有关部门统计，汶川地震共造成川、陕、甘三省房屋倒塌约1.6亿m^2、696万余间，其中，**农村房屋（无设计图纸、无政府监督、无施工监管）占到87%多，而纳入政府建设监管体系的城镇房屋（有设计图纸、有政府监督、有施工监管）仅占12%多**，即约2000万m^2、约

70多万间。折算起来，相当于倒塌的城镇楼房约1万多栋，这些楼房分布在100多个县（市），包括了新中国成立前的几乎全部建筑，20世纪50年代、60年代、70年代的大部分建筑和80年代的一部分建筑。

有一点非常重要，就是**凡是按照89版《建筑抗震设计规范》建造的房屋，即90年代以后的建筑几乎没有整体倒塌，但有严重破损，关键是为人逃生留出了宝贵时间。**灾后恢复重建，全面加强指导农房建设（有设计图纸、有专家指导、有政府部门管理），是我国城乡建设统筹的一次重大进步，具有深远意义。

总结三：**要做超过与没有超过设防标准情况的对比分析**

房屋震害研究中，要对比分析超过和没有超过设防标准两种情况，不能一概而论。哪些县镇的实际地震烈度没有超过设防标准，与超过设防标准地区的房屋震害情况是否存在异同；哪些县镇的实际地震烈度超过设防标准，其房屋破坏规律是否随着烈度超出程度的不同而不同（图4.7）。

比如地震破坏最严重的汉旺镇，**在实际地震烈度大大超过设防烈度3.5~4度的情况下，几乎没有出现89版规范实施以后的建筑整体倒塌的情况。这足以表明，我国的抗震设计规范经受住了大地震（即高于设防烈度3.5~4度）的严峻考验，达到了"小震不坏，中震可修，大震不倒"的抗震设防目标，保障了人民群众的生命安全。**

汶川地震中，还有一点也很清晰，成都市的实际地震烈度与设防烈度基本相同，即均为 7 度，按 89 版《建筑抗震设计规范》建造的房屋均安然无恙，**做到了中震基本不开裂、基本不用修。**

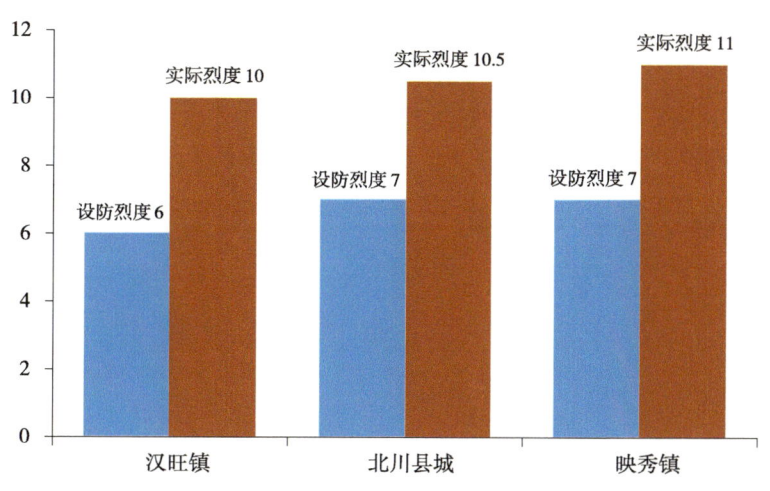

图 4.7　三个重灾县镇地震烈度比较图

曾国藩曾说过，凡事苦心剖析，大条理、小条理，始条理、终条理。理其绪而分之，又比其类而合之。

现在回想，当时能适时主动地做好以上研究，是我作为时任住建部总工程师的应有之责，也算作是历史的担当。

2. 装配式建筑

案例 2：解析关于装配式建筑之争

作者曾做过"用全面辩证思维消除发展装配式的三

重顾虑"的研究。

伴随着装配式建筑发展，始终有一部分同志充满顾虑，归纳起来有三重：一担心装配式抗震性能；二怀疑装配式发展前景，担心会是昙花一现、难以持续；三认为装配式成本高无法替代现浇体系。这三重顾虑在行业里弥漫着，或多或少以及信息对称与不对称地传入到一些城市政府决策者的耳中，并影响其判断，以至出现城市政府在贯彻落实中共中央、国务院的有关文件精神时出现明显的分化。一些城市真明白、真想干、真会干，而另一些城市没明白、没想干、不会干。看来，非常有必要用马克思主义哲学观点来澄清并消除当前行业中对发展装配式建筑的三重顾虑。

一是担心装配式建筑抗震性能不好的问题。这一顾虑是把不同的装配式建筑混淆了，把当前各地实际推广的PC（钢筋混凝土预制装配式建筑）与经科技创新下一步可能推广的全结构体系PC混淆了。我们所说的装配式建筑实际上是包括各种结构形式的装配式，如适应超高层建筑的全钢结构全装配式（即结构、机电、装饰装修全装配式），如适应高层建筑的钢筋混凝土核心筒＋钢结构装配式，再如量大面广的多层中高层PC等。必须指出，此装配式非彼装配式，要用全面辩证思维看待，各有市场细分、特点和局限性，切不可以偏概全。以上三种不同的装配式建筑都是基于现行标准规范体系，完全能够满足抗震、抗风、消防等要求，全国已经累积超过上万栋建筑、几亿平方米的成功示范。归纳地说,我们应当用马克思主义的辩证唯物主义观点来分析和消除这些顾虑。

二是怀疑装配式建筑发展前景的问题。产生这一顾虑的主要原因是没有真正明白为什么要发展装配式建筑。作为党中央国务院的重大决策部署,发展装配式建筑是新时期践行绿色发展理念和提升城市发展品质的必然要求。我国的经济总量主要聚集在城市,要发展绿色经济必然要发展绿色城市,而建筑运行与建造能耗又占全社会总能耗的近一半,因此,发展绿色城市必须发展绿色建筑。又好又省又快的装配式建筑就是绿色和低碳建筑的重要方式,是建筑业转型发展的必然方向。这就是为什么上海等地方的党委政府有坚定的决心发展装配式建筑的主要原因。他们就是深刻认识到绿色发展是提升城市发展品质的关键,装配式建筑对发展绿色城市和促进经济转型具有突出作用。

还有一个对装配式建筑发展前景产生顾虑的原因就是,行业里有些同志将此次发展装配式建筑简单地与20世纪80年代曾推广过的大板式建筑被现浇体系替代的情况相比,从而认为目前的装配式建筑发展前景堪忧。现在的装配式建筑与那时的大板式建筑完全是不同的概念。同时这两次的发展情况还有三个明显不同。一是这次推广的技术体系更加完善,构件质量和施工技术水平大幅提升,基本解决了开裂渗漏等质量通病问题,装配式建筑质量明显提高。二是这次推广的体制不同，20世纪80年代预制构件企业还没有改企转制，基本上都是地方国有企业，带有浓厚的计划经济色彩，缺乏灵活性和创新性，不能以市场为导向、以用户为中心，最终难免被改革的大潮所淘汰。三是这次推广完全是以市场为主导，开发、设计、施工和预制构件生产企业都是以市场需要为发展导向，哪种装配式建筑更好更省更快、符合市场需要，就发展哪种。这就是市场经济的规律。事物是发展变化的，不论是发展装配式建筑的政策环境和市场环境，还是结构形式、构件质量和施工技术水平，此次与上一次都有根本性不同。如果简单根据20世纪80年代的大板式建筑发展情况而怀疑这一次发展装配式建筑的前景，则是违背了马克思主义的历史唯物主义观点了，其担心是不必要的，也是错误的。综上，怀疑装配式建筑发展前景的顾虑是没有必要的，我们要充分相信党中央国务院的决策部署，当前和今后一段时期，大力发展装配式建筑都是大有可为的，这是不以人的意志为转移的。

三是认为装配式建筑成本过高无法替代现浇体系的问题。成本过高是行业里对发展装配式建筑的一个主要顾虑。我们对装配式建筑与传统体系的建安成本做过全面分析，得出以下结论：一是对80~120层超高层建筑，按现行钢筋混凝土核心筒+钢结构传统技术施工的竣工合同总价平均约为14500~16000元/m^2

（全面统计），同比，全钢结构全装配式建筑竣工价可节省 1/4；二是对 30~70 层高层建筑，传统技术竣工合同总价平均约为 5500~6500 元/m² 左右（抽样统计），同比，全钢结构全装配式建筑成本可节省 1/5；三是对 20~30 层中高层办公类建筑，尽管抽样样本偏少，但采用全钢结构全装配式也有一定的节省空间（约 1/6）。以上数据表明，从 30~70 层的高层建筑开始，全钢结构全装配式的成本优势开始明显。对于量大面广的 20~30 层及以下住宅类建筑，各种装配式都可以做，但 PC 与传统的现浇体系相比，现阶段成本上的确没有太大优势。这也是行业内有人认为装配式建筑成本过高的主要原因。这个问题不是无法破解的。

在政府引导、市场主导的发展环境和强烈的市场倒逼机制下，装配式建筑参与各方都在紧盯市场需求，积极研究创新什么样的装配式建筑更好更省更快。地方政府不断加大政策扶持力度，特别是奖励容积率政策，基本上达到了"四两拨千斤"的效果，可以破解当前阶段推广装配式建筑的成本障碍，再结合采用设计施工总承包模式和 BIM 技术，PC 推广成本与传统技术成本相比，可以做到基本持平甚至略有优势。随着市场规模的不断扩大，PC 的成本还会进一步降低，推广优势会越来越明显。当然，在推广 PC 过程中对开发商和设计院等在选型上也要引导并适当限制，否则过分个性化的平面布置不利于 PC 的标准化、集约化，势必增加模具成本，从而提高总体成本。

任何事物的发展都是一个螺旋式上升的过程。我们不能因为对装配式建筑存有顾虑，就丧失对发展装配式建筑的信心和决心。据中国建筑设计院装配式研究院总工程师张守峰的分析，今后雄安新区80%～90%的建筑将会采用装配式，这反映出行业里越来越多的同志对装配式建筑的发展前景充满信心。现在，我们要做的就是，用马克思主义的历史唯物主义和辩证唯物主义观点来分析研究问题，打消顾虑，坚定信心，用真明白、真想干、真会干的工作状态来贯彻落实党中央国务院的有关文件精神，更好地推动装配式建筑的发展。

二、共创共享

企业及项目管理中的共创共享思维

1. 碧桂园案例

案例1：房地产项目模拟股份制管理案例

据了解碧桂园特别注重引进中建总公司的团队，碧桂园作为知名的房地产企业，其对房地产项目规划、立项、策划、营销都有独特的经验，但在项目实施过程当中质量、安全、成本、工期控制等方面难谙其道。因此，他们特别注重从中建总公司引进人才，以此来弥补短板。

怎么样保证团队忠诚？通过大量实际项目的经验，他们认为必须与该团队共创共享，即项目模拟股份制。

让团队的骨干把"身家性命"都押上，确保质量、安全、成本、工期得到把控。

最好的地产策划团队＋最好的项目把控团队，必然取得最好的实际效果。当然，广东的建筑企业家中也有同志担心这种管理方式或走向极端会反过来伤其质量、安全管控。

2. 南通二建案例

案例2：建筑业项目模拟股份制管理案例

江苏南通二建集团在经历了项目经理负责制、以利润指标为中心的经济责任制考核等摸索总结后，从2008年起，在集团内部实行了以项目利润分红为实质、以项目模拟股份制为实施载体、以绩效考核为特征的项目公司化管理，取得了较好的成效。

实施项目模拟股份制管理方式是其实现项目公司化管理的重要手段，具体做法是：

（1）实行以利润指标为中心的经济责任制考核；

（2）让全体员工共同参与；

（3）实行项目经理负责制；

（4）不断细化、优化和完善；

（5）项目实行独立核算制；

（6）建立周转材料市场化运作机制；

（7）赋予项目独立对外协调的权利；

（8）材料采购权回归项目；

（9）赋予项目部用人权。

公司与项目、项目与员工分别签订风险承包协议。超额完成指标的，项目股东享受超利部分的50%分红；完不成指标的，项目股东按未完成指标数的10%乘以本人出资比例赔款，但普通员工的最高赔款额以所投风险抵押金为限，总工、生产经理的最高赔款额以所投项目模拟股金的2倍为限，项目经理的最高赔款额以所投项目模拟股金的3倍为限。另外，公司对利润指标实行考核的同时，还对项目部的安全、质量、现场文明施工也有具体考核指标，并另行规定了奖罚标准。

实践表明，其成本、工期、质量、安全得到控制，效果很好，显著增强了南通二建集团的核心竞争力。

3. 科技型企业案例

案例3：作者本人的实践——科技型企业股份制试点方案

作者于1998～2004年担任中国建筑科学研究院院长，恰逢国家各部委科研院所改革的重要时期，经受了三重改革考验：脱钩、改企、房改。脱钩即从原建设部最大的科研机构转为国资委所属的科技型企业；改企即从原有科研事业单位改革为中央所属的科技型企业，必须做到国有资产保值增值；房改即要抓住住房制度改革的最后时机让全院几千名职工充分享受到国家的房改政策并切实改善住房条件。其中改企是根本性的、战略性的，在改企过程中最大的改革就是把院所属研究所推向市场，积极推行二级企业混合所有制试点示范（这比后来的混合所有制提法要早，当然依据的是科技部关于科研院所改革的政策规定）。实践证明，效果超乎想象。各研究所的经营和科技骨干都在可直接进入建筑市场的经营性科技型企业中参股（小股），由院控大股（强调国有经济控制核心能力）。他们倍加珍惜，通过基薪+绩薪，再加上投资回报实现了人生价值（投资回报通过自身的努力都颇高），积极性空前高涨，几乎每个科技型企业经济效益都是连年较大幅度增长，其中设计院3年即实现了再造一个设计院的目标（3年翻一番）。

现代企业之间的竞争根本的还在于人才的竞争，而人才竞争的本质则在于人才的激励和约束机制之间的竞争，谁的机制好，人才就流向谁。

4. 不求所有但求共享

案例4：苏中建设集团创新发展装配式的案例

在上海市装配式建筑发展的全面倒逼机制下，江苏苏中建设集团届时自身尚没有部品部件生产厂，为了保住市场份额，亟待加快装配式部品部件的生产。怎么办？从头做起，时间来不及，没有三年五载是追不上来的，即使追上来了也始终是个跟风者。他们通过深入的战略分析研判，主动与某部品部件生产企业强强联合，最终取得双赢的效果。部品部件生产企业扩大了规模，江苏苏中建设集团解决了产品供应。该模式被不断地复制应用到其他区域，规模越做越大，双赢的效果令双方都很满意。在现在装配式发展的大形势下，可以判断，下一步的竞争一定是产业联盟与产业联盟之间的竞争。

三、存量与增量

企业创新发展务必把握好存量与增量的辩证关系

任何企业都面临着两难的抉择，既要稳健又要发展，侧重稳健，难免抑制创新；侧重创新，难免承担风险。没有一个企业家不面对这样两难抉择。怎么办？从我自己的实践经验和对一些大型央企、国企等企业家的经验梳理，我认为，存量领域还是要相对保守一些，可以管理创新，但难以体制创新，否则就会鸡飞狗跳墙，创新还没有开始，意见满天飞，央企、国企可能会告状信络绎不绝。因此对大企业，存量领域还是要相对保守些，只管理创新，谨慎体制创新。

而对于增量领域，我们主张创新要更快、胆子要更大，要有舍我其谁抱定成功的气魄。增量在央企、国企等大企业相对阻力会少一些，没有触碰到存量领域的既得利益，因此更好突破，成功了就是1+1甚至1+n，不成功大不了就是1+0。

因此，存量和增量采取的战略措施，甚至选择的领军者、团队都应当是完全不同的。

四、大客户战略与内涵式 EPC

领军型企业要研究大客户战略与内涵式 EPC

案例：中天集团的内涵式 EPC 实践

大的房地产企业的设计院在项目规划、立项、园林、装修等方面能力十分突出，但在结构、机电、材料等方面优势并不明显，甚至不如一些大型建筑业企业的设计团队。针对于此，中天集团提出了大客户战略，实际上就是内涵式 EPC（形式上不是），即大客户设计方案完成后，即刻派上自己的设计团队在原设计基础上优化设计、缩短工期、节省投资，并郑重向业主承诺按优化后的方案签订合同并保证不再超概算，不再超工期。实践证明，中天集团确实能够做到，由此获得了大客户信任，建立长期合作关系。

在市场中有三种不同的 EPC：

一是以设计为龙头的 EPC；

二是以央企、国企和大型建筑业企业全面负责的 EPC；

三是形式上虽不是但内涵上已然是真正意义上的 EPC。中天集团就是这种 EPC，这成为其大客户战略核心竞争力的关键，为业主创造价值，尽管其只是施工总承包，但却为业主创造了设计施工总承包的价值，优化设计、缩短工期、节省投资，不超概算、不超工期。

五、未来预期

企业创新发展要领悟互联网＋与未来预期思维

1. 竞争未来

案例 1：马斯克与特斯拉汽车，抓住未来预期这个新经济的本质，不是赢得对手而是赢得未来。

彼得·蒂尔的《从 0 到 1：开启商业与未来的秘密》，提出了新经济下的新理论和新观点。

关于"互联网＋"的问题，值得我们深入思考。六个斯坦福大学的学生，辍学创办了 Paypal 公司，后被投资机构收购了，给了他们一大笔钱。他们拿到这笔钱后，决定各自领衔创办一个企业，去实现他们各自的梦想。彼得·蒂尔则继续著书立说，写他的新经济观点和他们几位创新经验，《从 0 到 1：开启商业与未来的秘密》就是其中之一。他举了两个比较精彩的案例，一个就是马斯克和特斯拉电动汽车，马斯克是他们六个人中的一位，他领衔创办了特斯拉电动汽车，到 2014 年该书发行时依然在亏损，但他一家的市值却比美国的通用、福特、克莱斯勒三大汽车制造商的市值加起来还要高。为什么？投资机构回答了这个问题："我们看好特斯拉，特斯拉代表汽车工业的未来。"他还举了一个例子，叫领英集团 Linkedin，一个互联网的媒体，刚刚开始盈利，与纽约时报这个传统媒体对比，纽约时报年年盈利，在他出书这一年仍然盈利 70 亿美元，但是 Linkedin 的市值却比纽约时报大得多得多。为什么？投资机构说了"我们看好你，你代表未来。"这就是"互联网+"的思维，其跟"互联网+"的某一项技术不是一个概念，是指一种思维。上海现代设计集团成功借壳上市，提出了两大发展战略，一是 EPC，一是装配式。只要上海现代设计集团高举工厂化装配式大旗，当国家出台节能减排、先进制造业、新型城镇化、"一带一路""互联网+"等鼓励政策时，都可以是上市公司的利好。

未来、预期，是新经济的重要本质，企业不只是赢得对手，而是赢得时代。新时代，创造新伟业；新伟业，造就新英雄。

2. 当独角兽

案例 2：上市公司必须争当行业亦或细分老大

彼得·蒂尔的另一个新经济观点是上市公司要做就做或行业、或地域、或细分的领军企业，凡是领军企业的市值比排在其后的第二、第三、第四的市值加起来都要高。只要你的规模做大了，市场份额做大了，你的市值就要高，这解释了为什么现在的企业都在争先成为独角兽。即使再小的细分市场，只要占据了第一的位置，就要抓紧上市。

要当就当老大，行业老大、地域老大或者细分老大，再小的细分也有自己的独角兽。

3. 新基建

国家发改委在 2020 年 4 月份例行新闻发布会上，首次明确新型基础设施的范围，认为，新型基础设施是以新发展理念为引领，以技术创新为驱动，以信息网络为基础，面向高质量发展需要，提供数字转型、智能升级、融合创新等服务的基础设施体系。

目前来看，新型基础设施主要包括 3 个方面内容：

一是信息基础设施。主要是指基于新一代信息技术演化生成的基础设施，比如，以 5G、物联网、工业互联网、卫星互联网为代表的通信网络基础设施，以人工智能、云计算、区块链等为代表的新技术基础设施，以数据中心、智能计算中心为代表的算力基础设施等。

二是融合基础设施。主要是指深度应用互联网、大数据、人工智能等技术，支撑传统基础设施转型升级，进而形成的融合基础设施，比如，智能交通基础设施、智慧能源基础设施等。

三是创新基础设施。主要是指支撑科学研究、技术开发、产品研制的具有公益属性的基础设施，比如，重大科技基础设施、科教基础设施、产业技术创新基础设施等。

当然，伴随着技术革命和产业变革，新型基础设施的内涵、外延也不是一成不变的，将持续跟踪研究。

下一步，国家发展改革委将联合相关部门，深化研究、强化统筹、完善制度，重点做好四方面工作。

一是加强顶层设计。研究出台推动新型基础设施发展的有关指导意见。

二是优化政策环境。以提高新型基础设施的长期供给质量和效率为重点，修订完善有利于新兴行业持续健康发展的准入规则。

三是抓好项目建设。加快推动 5G 网络部署，促进光纤宽带网络的优化升级，加快全国一体化大数据中心建设。稳步推进传统基础设施的"数字+""智能+"升级。同时，超前部署创新基础设施。

四是做好统筹协调。强化部门协同，通过试点示范、合规指引等方式，加快产业成熟和设施完善。推进政企协同，激发各类主体的投资积极性，推动技术创新、部署建设和融合应用的互促互进。

我们用辩证思维来分析，拉动经济有三驾马车：消费、出口、投资。在这三者关系当中，出口，贸易战加上这次疫情持续，订单大规模减少。消费也会受到抑制。那么政府一定会推动加大基建投资规模。

加大基建投资规模：$\sum \varDelta = \varDelta_1 + \varDelta_2 + \varDelta_3$

$\varDelta_1$ 是加大老基建投资政策出台；

$\varDelta_2$ 是新基建投资的增长效益；

$\varDelta_3$ 是智慧城市倒逼之下新建加既有项目的数字化提升改造工程。

先看 $\varDelta_1$，与 2008 年相比，相信会更大，但是政策导向一定会更明确。2008 年 4 万亿元如果说还有点诟病的话，就是 2 个方面：一是有些大水漫灌；二是部分热钱溢出到了房地产推高了房价了。这次一定会精准地做好这方面工作。

热传导效应一定会带动建筑产业所有供应链条的方方面面，即拉动整个实体经济发展并带动就业。这是 Δ_1 政策制定的核心价值所在，即，一是拉动产业链，拉动实体经济；二是带动就业。

据不完全统计，按照不同的且非正式的版本分析，有人说 Δ_1 将会达到 30 万亿元的规模，这是在分析了 22 个省公布的加大基建规划后得出的。由此有的人分析预测，全国可能要达到 40 万亿规模。我们姑且听之，还要密切关注，还没有最终落地。最后到底是多少，肯定比 2008 年规模要大，这对我们建筑产业是一次空前利好。

关于 Δ_2，第一，从概念上分析，Δ_2 要比 Δ_1 相对小很多，但仍然会对经济注入强劲活力，我们知道信心比黄金更重要，只要加大基建投资，对我们整个产业来讲，大家就会感觉宽松，大家就会感觉日子好过。第二，Δ_2 的影响范围其实比 Δ_1 的要相对小很多，但是热传导的影响会有"放大"和"倍增"的效应。第三，Δ_2 一定会造就一批新基建的新独角兽。这是我今天要强调的一点。

黄奇帆指出，新基建是互联网经济创新的重要基础，也是促进传统产业数字化转型的重要举措。他说得很好，基本上把"新基建"定性说全了。据其分析，5G 基站（大约有 600 万个）、配套的软件产业、1000 万台大数据中心以及相对应的配套电力和机房等基础设施，以及特高压、城市轨道交通等，不完全统计可能要达到 10 万亿元的规模。

我认为新基建有三个特点。

第一，就基建来分析，其复杂程度并不高，这里面除了轨道交通、特高压等行业和设备外，就基建本身而言，其实都不难，广大的中小微建筑业企业都会做。

第二，新基建就布局来分析，具有很强的地域性特点，各地建筑业企业都有施展才华的表现机会。

第三，新基建市场经济的特点其实是提出了更高要求，可能很多会采用或 +PPP，或 +EPC，或 + 融资，或 + 交钥匙甚至 + 运维。常常有人说建筑产业到没到天花板，这次如果加上运维，可能会有很多企业要转型了，也就是说一些地区的基站的基建部分从建到管到运维可能都交给你，你是否做得到，当然设备还在运营商。所以更好更省更快，要真正认识透彻。

我们再说下 $\varDelta_3$。$\varDelta_1$ 和 $\varDelta_2$ 即将落地，$\varDelta_3$ 尚在孕育中，我们很希望 2020 年就是 $\varDelta_3$ 的元年，$\varDelta_3$ 虽然从规模上来分析比 $\varDelta_1$ 和 $\varDelta_2$ 都要小，但其对建筑产业科技跨越的深远影响远超过其规模所表现的外在形态，其内在的创新性影响不可估量，我们期待着新的"未来"，新的"预期"的新独角兽产生。

人们常说"互联网＋"的思维，什么是"互联网＋"的思维，彼得·蒂尔写过一本书《从 0 到 1：开启商业与未来的秘密》，在这本书里我认为他论述得比较透彻，什么是未来预期，什么是新的独角兽。他举的成功案例，一个是特斯拉汽车，在他出书这一年特斯拉汽车依然在亏损，但是特斯拉上市后，其市值居然比美国三大汽车商的市值加起来都要高，三大汽车商年年盈利但是没有其一家市值高。为什么？未来预期！他在这本书里还发现，凡是在美国股票市场上市的企业要当就当老大，凡是老大的股票价值比老二、老三、老四的股票价值加起来都要高，所以后来为什么大家都推崇独角兽。你是不是独角兽，你是不是现在的独角兽，是不是未来的独角兽？

新基建必然会产生一批新的独角兽。$\varDelta_2$和$\varDelta_3$会促进建筑产业产生一批新的未来已来和未来预期型的新独角兽。$\varDelta_2$是"未来已来"，新基建马上落地。$\varDelta_3$则是"未来预期"，还没有到，但是大家知道已经是喷薄欲出的太阳了，很快就会来。那么当什么独角兽呢？你或者当一个行业独角兽，或者当一个地域独角兽，还有细分的独角兽。所以说"未来已来"和"未来预期"，是期待着新的独角兽，行业独角兽、地域独角兽、细分独角兽。

归结以上内容，就是关注新基建，要以"辩证思维"和"互联网+"的思维来分析和把脉。

作者关于以上内容的演讲视频

后 记

抗击疫情

2020年春节前，住建部组织部门终于回复同意了中国建筑业协会换届并同意我本人不再兼任协会第七届理事会会长的正式请求，春节后我们就要正式开始换届工作了。退休6年多以后，我终于可以安享退休生活了，当然还将依托两所大学从事点力所能及的学术研究和授课讲学工作，想来还是充满着期待。

正在这个时候，新冠肺炎疫情暴发并持续，全球风云际会，让作者真正深刻体会到了中央为什么做出"**世界发展格局正经历着百年未有之大变局**"的重大判断了，以及为什么提出要"**务必保持战略定力**"的要求了。此时此刻，我一定要站好最后一班岗，尽职尽责与协会同志共同努力做好抗击疫情的工作。我们一直在思考的就是，**建筑业要经受住控疫情和促发展的双重考验。**

沧海横流，方显出英雄本色。中国建筑业及广大建设者每当在大灾大难面前，都表现出了非凡的勇气，无论是抗击非典的小汤山医院建设，还是汶川地震抢险救灾和灾后恢复重建，更或者是这次抗击新冠肺炎疫情抢建火神山、雷神山医院等，党中央一声令下，建筑业召之即来、来之能战、战之能胜，特别能吃苦、特别能战斗、特别能奉献，医者仁心，建者善行，谱写了新时代大爱无疆的感人篇章。令全国人民动容、令全行业倍感骄傲。

在骄傲之余，作为行业协会，我们一定要发挥出自身的独特作用。**一是要关心关爱建筑业企业和广大的建设者**，尤其对奋战在抗击疫情一线的建设者们表示慰问，殷切期望他们在做好医院建设和维护的同时，严格加强自身防护，切实保障安全生产，确保任务顺利完成。据不完全统计，全国各地已经迅速新建或改建的用于治疗新冠肺炎的医院超过160个，我们的建设者不但要负责建，还要负责管（要保运维、保运转），为打赢战役贡献力量。中国建筑业协会千方百计购置筹措了10万只防护口罩分批次送到前线，送到参建单位和建设者手上。**二是要宣传好在抗击疫情中建筑业的突出表现**，对在疫情期间响应党中央号召，主动担当，全力参与医院及隔离场所建设，踊跃捐款捐物，为疫情防控工作作出重要贡献的建筑业企业和广大的建设者，及时跟进掌握他们的先进事迹，在行业内大力宣传勇于担当、无私奉献的精神。**三是积极主动反映广大建筑业企业的诉求**，受疫情影响，建筑业企业正面临员工返岗难、物流不畅、材料短缺、资金紧张等问题，行业协会应充分发挥桥梁纽带作用，积极调研广泛听取意见建议，主动向政府主管部门反映诉求，为建筑业打好即将开始的"促发展"大战出谋划策、献言献计。

建筑业是国民经济的重要支柱产业，总产值达24.8万亿，拉动经济作用显著，且就业人数众多（仅次于农业，超过5500万劳动大军，直接关联人口超过2亿）。建筑业对于做好防疫生产两不误、经济民生双手抓肩负着重大责任。

最近，我们中国建筑业协会经过深入调研，给政府主管部门提出工作建议，即要从政治和战略高度解决建筑业三重困境叠加问题。

困境一：一些省市在环保政策执行中不实事求是简单"一刀切"，造成建筑业长期停工停供停业严重。据河南、河北、天津等省市建筑业协会反映，建筑业和建材企业反复集中停工停供停业非常突出，建筑业劳动力大量流失造成隐性失业。2019年，郑州市全年建筑业因环保要求的停工达193天（占全年53%），石家庄市全年雾霾预警110天（占30%），这里面有些时段是科学的，还有相当多的时段是违背实事求是原则、简单"一刀切"的。建筑业的隐性失业问题要从讲政治的高度加以重视。

困境二：建材价格大幅度上涨问题已经到了非常严重的程度。据河南省建筑业协会反映，2019年与2015年相比，水泥价格上涨289%（从180元/t涨到700元/t），砂子上涨300%（从45元/m^3涨到180元/m^3），蒸养砖上涨256%（从90元/m^3涨到320元/m^3），C30混凝土上涨150%（从280元/m^3涨到700元/m^3）。不仅如此，付款方式非常苛刻，必须预付或现金支付。与此同时，机械费、运输费、控制扬尘费、空气检测费、文明施工措施费等也全面上涨。由此造成建筑业企业负担沉重难以为继。

困境三：疫情暴发并持续使建筑业的困难更加雪上加霜，停工停供停业问题更突出，劳动力就业形势更严峻，建材涨幅更大。

应对三重困境的叠加，亟待上升至国务院层面以政治和战略的高度加以研究，以对全国的就业形势、对提振经济信心、对实现高质量发展产生积极影响。**一是要重视建筑业劳动力就业形势，要保开工、保供应、保生产、保就业，让5500多万建筑业劳动大军尽可能返回工地增加就业。二是解决建材价格上涨过快过猛问题，一方面要避免执行环保政策中的简单"一刀切"问题，让建材价格回归理性；另一方面要不回避建材价格上涨的事实，确因环保政策合理因素应该上涨的就要实事求是地研究解决，该涨即调（调定额、调概算），既可保证就业大局，还可有效拉动经济。这是政治，也是战略，还是辩证法。**这个问题不解决以致违背客观规律，将对就业形势造成严重影响，对保障全国层面的施工质量产生消极影响，对市场环境尤其是经济纠纷大幅度增加产生影响。

建筑业如何在既打好"控疫情"战斗的同时，又能最大程度降低疫情对经济的影响，吹响"促发展"的集结号，是我们每一个建筑业企业所面对的紧迫任务，也需要政府主管部门和行业协会组织的共同努力。

作为建筑业重要主体的广大建筑业企业，一定要经受住打好这场防疫阻击战和保开工促发展的双重考验，要树立起"**每一个项目现场都是一个前沿阵地**"的战斗意识。为此，建筑业企业要努力做好以下两方面工作。

首先是关爱员工。企业要保证员工的身体健康，确保项目现场不发生疫情。建议项目现场实行全面封闭式管理，做好返工人员的进场前检测，确保进场人员零感染。在控疫情的每项工作上、每个环节上都不能有丝毫的麻痹、放松、侥幸，否则将铸成大错。**其次是抓好项目的管理**。在做好防疫工作的同时，企业要做到保质量保安全保工期。建设工程项目是多要素、多参与方的系统工程，疫情势必对施工的各个环节产生影响。**再次是提升管理水平、科技水平**。在维持项目正常管理，确保质量、安全的同时，建议建筑业企业要积极推广应用BIM、大数据、云计算、物联网和5G、区块链等新技术，确保疫情期间项目信息流、物流畅通，努力实现项目在特殊时期保质量、保安全、保进度。既打赢疫情防控阻击战，又促进经济发展，还提升科技水平，一举三得。

我们已邀请行业内一些已卓有成效和富有经验的企业和项目代表以及业内专家学者，用多种方式，为行业复工复产提供可资借鉴的好经验、好做法、好建议。相信会对大家有所帮助，一定会全力打好两场战役，经受住双重考验。

习近平总书记强调，要坚定信心，看到我国经济长期向好的基本面没有变，疫情的冲击只是短期的，不要被问题和困难吓倒。建筑业全行业要坚定信心，合力推进建筑产业全领域、全过程、全产业链的协调发展，切实发挥好建筑产业促发展、保民生的重要引擎作用。

以上，是为后记。权作本人兼任中国建筑业协会第六届理事会会长的"收官"之作。

中国建筑业协会六届六次会长会与会同志合照

附 录

附录1：作者近期撰写的文章

关于发展装配式建筑：

1. 推动建筑工业化是转变建设模式的重要内涵——对深圳市和万科集团积极推进建筑工业化情况的调研（2008年3月）

2. 新型建材＋保温技术＋装配式建造的重大创新将是建筑／建材业转型发展的又一深刻变革——对装配式砌体建筑发展情况的调研（2013年11月）

3. 钢结构工厂化装配式结合绿色建筑和现场装修一体化的集成创新实践——对东南网架发展钢结构工厂化装配式建筑情况的调研（2014年11月）

4. 建筑业转型发展的深刻变革——对远大工厂化可持续建筑情况的调研（2015年4月）

5. 对工厂化可持续建筑发展要做全面辩证分析（2015年4月）

6. 发展装配式建筑要深刻领会中央文件的精神实质（经济日报专访稿，2016年12月）

7. 上海市引领全国装配式建筑发展的成功经验和根本原因（2017年7月）

8. 用全面辩证思维消除当前装配式建筑发展中的三重顾虑（2017年8月）

9. 《装配式建筑创新与发展》的序（应约为河北省住房和城乡建设厅《装配式建筑创新与发展》一书作序，2017年8月）

10. 钢结构+3板PC并结构机电装修全装配式住宅的又一成功示范——对杭州市转塘公租房项目采用钢结构+3板PC实现结构机电装修全装配式建筑的经验调研（2018年2月）

11. 关于"装配式环筋扣合混凝土剪力墙结构体系"的评价意见（作为专家，对中建七局自主研发的PC装配式全结构体系的意见建议，2018年2月）

12. 对可建发展建议（对远大可持续建筑的意见建议，2018年2月）

13. PC结构全装配式建筑实现更好更省更快的又一创新成果——对中建七局积极研发推广PC结构全装配式建筑经验的调研（2018年3月）

14. 关于芯板结构体系推广工作的意见建议（调研远大芯板可建结构体系后的意见建议，2018年3月）

15. 关于高度关注装配式建筑发展中争论问题的建议（给王蒙徽部长的签报，2018年4月）

16. 关注装配式建筑发展中的争论问题（发表在《首都住建发展研究》，2018年8月）

17. 《中国装配式建筑发展报告（2018）》的序（应约为中国房地产报《中国装配式建筑发展报告（2018）》作序，2019年1月）

关于建筑业改革：

18. 建筑业企业上市情况分析（2013年3月）
19. 当前房地产形势的若干分析（2014年6月）
20. 对延安新城规划建设的工作建议——给薛海涛副市长并姚引良书记的信（2014年9月）
21. 建筑业转型发展的三方面重要改革（2015年3月）
22. 正本清源读懂行业统计数据（2015年3月）
23. 引领城市规划建设发展方向的价值观问题研究（应邀为"筑龙网土木大讲堂"首期所作的主题演讲，2016年4月，发表在中国建设报）
24. 公共投资项目建设供给侧结构性重大改革的成功实践——对敦煌文博会主场馆的调研（2016年4月）
25. 以市场模式转变促进公共投资项目供给侧结构改革——对深圳地铁11号线的调研（2016年11月）
26. 建筑产业现代化的发展方向不仅仅是工厂化（建筑时报专访稿，2016年6月）
27. 关怀老科技工作者改善行动不便重要举措的建议（2016年11月）
28. 房地产政策的价值选择问题（2016年12月）
29. 研究推动建筑业转型发展问题——中国建筑业协会在辽宁、内蒙古召开建筑业企业座谈会情况（2016年10月）
30. 对中天"六三发展规划"的进一步建议（2016年10月）

31.《关于对荒山荒沟低丘缓坡综合治理规划建设兰州创新示范区的建议》——给甘肃省领导黄强、宋亮同志的信（2017年6月）

32. 指导雄安新区规划建设发展方向的价值观研究（2017年5月）

33. 当前建筑业改革发展中的三场变革和三件大事（发表在中国建设报、建筑时报等，2017年9月）

34.《中国建筑行业施工 BIM 应用分析报告》的序（应约为广联达科技股份有限公司《中国建筑行业施工 BIM 应用分析报告》一书作序，2017年10月）

35. 关于推进建筑业转型升级的思考（发表在中国建设报、建筑时报等，2017年10月）

36. 在纪念鲁班奖创立30周年上的讲话（2017年11月）

37.《建筑业改革、发展与突围》的序（应约为上海攀成德企业管理顾问有限公司《建筑业改革、发展与突围》一书作序，2017年12月）

38. 关于广联达邀请担任白皮书顾问的三条意见建议（受广联达科技股份有限公司邀请担任《建筑产业数字化发展白皮书》顾问的发言建议，2017年12月）

39.《南通三建发展史》的序（应约为江苏南通三建集团股份有限公司《南通三建发展史》一书作序，2018年1月）

40. 在全国建设工程施工技术创新成果暨总工程师经验交流会上的讲话（2018年1月）

41. 充分认识建筑业改革发展与转型升级的大趋势——学习十九大精神和《习近平论治国理政（第二卷）》体会（发表在中国建设报、建筑时报等，2018年1月）

42. 建筑业供给侧结构性改革实现跨越式发展的成功范例——对中建科工实现从单一钢结构承包商转变为EPC及PPP综合服务商的发展经验调研（2018年2月）

43. 在同济大学建筑产业创新发展研究院成立大会上的致辞（2018年3月）

44. 《互联网+建筑——数字经济下的智慧建筑行业变革》的序（应约为江苏南通三建集团股份有限公司《互联网+建筑——数字经济下的智慧建筑行业变革》一书作序，2018年3月）

45. 深刻领会新时代中国特色社会主义思想内涵 充分认识建筑业转型升级的发展趋势（发表在建筑时报，2018年4月）

46. 充分认识建筑业改革发展转型升级的大趋势（发表在中国建设报，2018年4月）

47. 关于深入推进建筑业转型升级的几点思考（2018年4月）

48. 在北京市住建委第二届调研动员大会上的讲话（2018年4月）

49. 《面向国家创新驱动发展战略，重构工程管理本科专业人才培养体系》的推荐信（应约为重庆大学、华中科技大学共同完成的教学成果《面向国家创新驱

动发展战略，重构工程管理本科专业人才培养体系》的推荐信，2018年4月）

50. 在全国建筑行业协会秘书长2018年度工作会议上的讲话（2018年6月）

51. 《全过程工程咨询概论》的序（应约为河南工业大学《全过程工程咨询概论》一书作序，2018年6月）

52. 《基业长青商务人才系列教材》的推荐语（应约为北京基业长青管理咨询股份有限公司《国际工程商务能力培训系列教材》一书的推荐语，2018年6月）

53. 关于启动"中国智能建造2035"重大项目研究的建议（作为主要参与者，2018年7月）

54. 关于雄安新区建设规划的发展方向研究（在清华大学雄安新区规划建设论坛上的致辞，2018年7月）

55. 在清华大学雄安新区规划建设论坛的对话实录摘要（2018年8月）

56. 自有劳务队伍是优势建筑业企业核心竞争力中的重要组成部分——对江苏南通二建和中亿丰坚持以自有劳务队伍提升核心竞争力的经验调研（2018年8月）

57. 《建筑工程新型建造方式》报告的序（应约为中建集团《建筑工程新型建造方式》的报告作序，2018年8月）

58. 《全球建筑企业十强研究》的序（应约为中天建设《全球建筑企业十强研究》一书作序，2018年9月）

59. 在77、78届哈工大毕业生回母校座谈会上的讲话稿

（参加77、78届哈工大毕业40周年发言，2018年10月）

60. 在首届同济建筑产业创新发展30人论坛开幕式上的致辞（2018年10月）

61. 总结40年改革经验再创新时代建筑业发展新辉煌（纪念建筑业改革开放40周年大会上的致辞，2018年11月）

62. 以市场模式转变促进公共投资项目供给侧结构改革——对济南城建集团EPC项目经验的调研（2018年12月）

63. 《BIM改变建筑业》的序（应约为鲁班软件《BIM改变建筑业》一书作序，2018年12月）

64. 关于建筑产业的改革转型和跨越问题的思考（应中建科技之约为住房和城乡建设部编写教材提供意见建议文章，2019年1月）

65. 在清华大学互联网产业研究院产业转型顾问委员会成立大会上的发言稿（2019年1月）

66. 充分发挥中国建造在践行"一带一路"倡议中重要作用的意见建议（2019年1月）

67. 《延安新区黄土丘陵沟壑区域工程造地实践》的序（应约为《延安新区黄土丘陵沟壑区域工程造地实践》一书作序，2019年3月）

68. 在"BIM三维图形平台应用技术发展状况研讨会"上的主持词（2019年3月）

69. 关于发展我国自主知识产权三维图形平台的调研与建议（2019年4月）

70. 绿色建造与高质量发展（演讲版）——在清华大学2019建设工程领域企业家创新研讨会上的演讲（2019年4月）

71. 绿色建造与高质量发展（文字版）(2019年4月)

72. 为《苏中建设志》作序（2019年6月）

73. 对河南省大力发展超低能耗建筑的意见建议（2019年8月）

74. 建筑产业转型升级与科技跨越双重叠加之下的BIM技术发展趋势（2019年9月）

75. 中国冶金报社寄语（2019年9月）

76. 中国建设报社寄语（2019年10月）

77. 在第二届同济建筑产业创新发展30人论坛上的致词（2019年11月）

78. 预见2020论坛致辞——在攀成德论坛上的致辞（2019年12月）

79. 建筑产业数字化转型升级的未来已来——《5G白皮书》寄语（2019年12月）

80. 绿色建造与高质量发展项目的经典范例——对青岛国际会议中心采用装配式+BIM+EPC实现绿色建造与高质量发展的专题调研（2019年12月）

81. 给中建总公司周乃翔董事长的三点建议（2020年2月）

82. 解决当前建筑业三重困境的工作建议（2020年2月）

83. 中国建设报社采访（2020年2月）

84. 绿色建造与高质量发展——河南成品房蓝皮书特约稿（2020年2月）

85. 建筑业如何打赢控疫情促发展两场战役（2020年2月）

86. 对中化岩土深化改革的意见建议（2020年3月）

87. 建筑业要经受住控疫情和促发展的双重考验（2020年3月）

88. 建筑产业转型升级——科技跨越与新基建融合发展（2020年5月）

附录2：作者近年的主要专著

王铁宏著.《转变建设领域发展方式的思考》(2009年第一版，2013年第二版).北京：中国建筑工业出版社

王铁宏主编.《发展节能省地型住宅和公共建筑工作指导文件汇编》.北京：中国建筑工业出版社，2005

王铁宏等编著.《用全面和辩证的思维做好房屋震害研究分析》.北京：中国建筑工业出版社，2008

王铁宏主编.《全国重大工程项目地基处理工程实录》.北京：中国建筑工业出版社，1998

王铁宏主编.《新编全国重大工程项目地基处理工程实录》.北京：中国建筑工业出版社，2005

王铁宏等著.《残积土地基沉降变形计算方法的研究》.北京：中国建筑工业出版社，2011

王铁宏等编著.《高能级强夯技术发展研究与工程应用(2006～2015)》.北京：中国建筑工业出版社，2017

附录 3：作者近期所做的学术讲座

1.《建筑产业现代化发展的新动态》

（应邀为中财协、厦门土木建筑学会、中国造价协会及绿色科技·建设创新论坛作学术报告，应邀在广东省建科院、广州市建科院、交通银行北京分行等作专题报告）

建筑产业现代化发展的新动态

王铁宏

建筑业在国民经济中的作用十分突出，2016 年建筑业总产值达到 19.36 万亿，占 GDP 约 26%，从业者超过 5000 万，是名副其实的支柱产业。

建筑产业现代化

建筑产业现代化 = ■ 装配化 ■ 信息化 ■ 标准化 ■ 绿色化 ■ 一体化 + ■ 国际化 ■ 资本化

一、装配化

- 为什么要发展工厂化装配式建筑
- 工厂化装配式建筑发展概况
- 各地的推广政策
- 加快发展的两点建议

中共中央、国务院《关于进一步加强城市规划建设管理工作的若干意见》提出，要大力推广装配式建筑，减少建筑垃圾和扬尘污染，缩短建造工期，提升工程质量。要求"制定装配式建筑设计、施工和验收规范。完善部品部件标准，实现建筑部品部件工厂化生产。鼓励建筑企业装配施工，现场装配。建设国家级装配式建筑生产基地。加大政策支持力度，力争在 10 年左右时间，使装配式建筑占新建建筑的比例达到 30%"。

我国现有的建筑技术路径（称之为传统技术）形成于 1982 年，即钢筋混凝土现浇体系，又称湿法作业。客观上讲，虽然对城乡建设快速发展贡献很大，但弊端亦十分突出：一是粗放式，钢材、水泥浪费严重；二是用水量过大；三是工地脏、乱、差，往往是城市可吸入颗粒物的重要污染源；四是质量通病严重，开裂渗漏问题突出；五是劳动力成本飙升，招工难管理难质量控制难。这表明传统技术已非改不可了，加上节能减排的要求，必须加快转型，大力发展工厂化装配式建筑。

经过近10年的艰苦努力，我国工厂化装配式建筑已取得突破性进展，处于世界领先地位，归纳起来有3种模式：

一是以万科和远大住工等为代表的钢筋混凝土预制装配式建筑（PC）。这种模式适合于量大面广的多层、中高层办公、住宅建筑，在传统技术框架和框剪基础上侧重于外墙板、内墙板、楼板等的部品化，部品化率为40%～50%，并延伸至现场装修一体化，成本进一步压缩，已接近传统技术成本，可以做到约5天建一层。

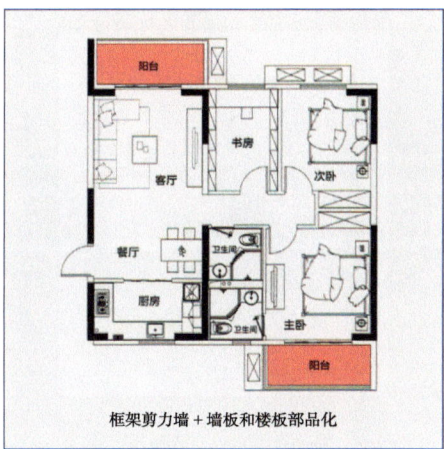

框架剪力墙＋墙板和楼板部品化

二是以东南网架、中建钢构等为代表的钢结构预制装配式建筑。这种模式适合于高层超高层办公、宾馆建筑，部分应用到住宅建筑，在传统技术核心筒的基础上，侧重于钢结构部品部件尽量工厂化，还延伸至现场装修一体化，部品化率为30%～40%，强调集成化率。

钢筋混凝土核心筒＋钢结构部品部件

三是以远大工厂化可持续建筑等为代表的全钢结构预制装配式建筑。这种模式适合于高层超高层办公、宾馆、公寓建筑，完全替代传统技术，更加节能（80%）、节钢（10%～30%）、节混凝土（60%～70%）、节水（90%），部品化率为80%～90%，部品在工厂内一步制作并装修到位，现场快捷安装，高度标准化、集成化使成本比传统技术压缩1/4～1/3，可以做到每天建1～2层，体现于"六节一环保"（即更加节能、节地、节水、节材、节省时间、节省投资、环保），符合循环经济理念，又好、又省、又快，实现了从粗放的建筑业向高端制造业转变，是建筑业转型发展的一场深刻变革。可持续建筑采用的技术路径是在钢结构上的部品化、集成化，实现了近似标准集装箱式运输，海运成本大幅降低，可破解一般装配式建筑运输半径的瓶颈。

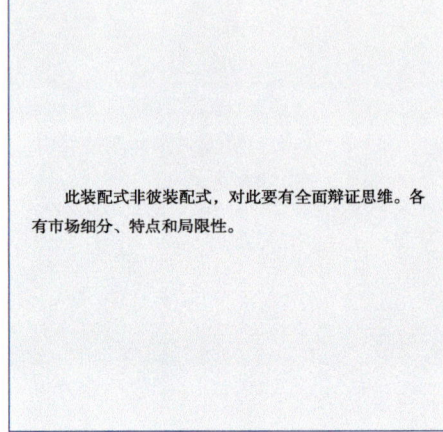

此装配式非彼装配式,对此要有全面辩证思维。各有市场细分、特点和局限性。

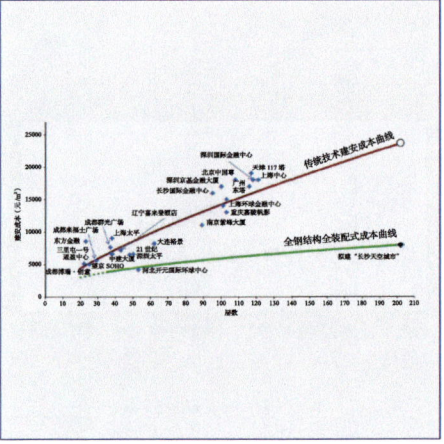

建安成本(全口径竣工合同价)

- 对 80~120 层超高层建筑,按现行钢筋混凝土核心筒+钢结构传统技术施工并简装后竣工合同总价平均约为 14500~16000 元/m²,同比可建成套交付价可节省 1/3。
- 对 30~70 层高层建筑,传统技术竣工合同总价平均约为 5500~6500 元/m² 左右,同比可建成本交付价可节省 1/4。
- 对 20~30 层中高层建筑,抽样样本偏少,可节省 1/6。

■ **80~120 层超高层建筑**

11 个样本平均		1.6 万元/m²	106 层	517m	51.2 万 m²
具体为:	上海中心		121 层	632m	57.4 万 m²
	深圳国际金融中心		118 层	660m	46.1 万 m²
	天津 117 塔		117 层	597m	84.7 万 m²
	广州东塔		116 层	539m	50.7 万 m²
	北京中国樽		108 层	528m	43.7 万 m²
	广州西塔		103 层	438m	44.8 万 m²
	重庆嘉陵帆影		103 层	468m	39.2 万 m²
	上海环球金融中心		101 层	492m	38.2 万 m²
	深圳京基金融大厦		100 层	441m	22.5 万 m²
	长沙国际金融中心		95 层	452m	101 万 m²
	南京紫峰大厦		89 层	450m	35 万 m²

其中,已建成 5 项(上海中心、广州西塔、上海环球金融中心、深圳京基金融大厦、南京紫峰大厦),在建 6 项(深圳国际金融中心、天津 117 塔、广州东塔、北京中国樽、重庆嘉陵帆影、长沙国际金融中心)。

■ 30～70层高层建筑

9个样本平均	6548元/m²	46层	209m	12.65万m²
具体为：大连裕景		62层	278m	10.00万m²
河北开元环球中心		53层	245m	17.80万m²
21世纪		50层	211m	11.04万m²
深圳太平		48层	228m	13.13万m²
石家庄苏宁广场		45层	198.8m	12.91万m²
辽宁锦州喜来登酒店		43层	181.5m	10.15万m²
上海太平		38层	208m	11.06万m²
中建大厦（北京）		38层	180m	15.20万m²
三里屯一号通盈中心		38层	149m	12.60万m²

其中，已建成5项（大连裕景、河北开元环球中心、21世纪、辽宁锦州喜来登酒店、上海太平），在建4项（深圳太平、石家庄苏宁广场、中建大厦、三里屯一号通盈中心）。

■ 20～30层中高层建筑

5个样本平均	5513元/m²	26层	125m	15.82万m²
具体为：成都博瑞·创意		22层	/	/
东方金融		23层	99m	11.49万m²
望京SOHO		25层	96m	19.00万m²
成都来福士广场		29层	/	/
望京保利国际广场		31层	180m	16.97万m²

其中，已建成4项（成都博瑞·创意、东方金融、望京SOHO、成都来福士广场），在建1项（望京保利国际广场）。

- 中共中央、国务院《关于进一步加强城市规划建设管理工作的若干意见》
- 国办《关于大力推广装配式建筑的指导意见》

要大力推广装配式建筑，减少建筑垃圾和扬尘污染，缩短建造工期，提升工程质量。要求"制定装配式建筑设计、施工和验收规范。完善部品部件标准，实现建筑部品部件工厂化生产。鼓励建筑企业装配式施工，现场装配。建设国家级装配式建筑生产基地。加大政策支持力度，力争在10年左右时间，使装配式建筑占新建建筑的比例达到30%"。

政府的主要作用

- 倒逼机制
- 鼓励和示范

以上海为例，装配式建筑发展风生水起，如火如荼。

倒逼＋奖励

建筑业企业的新要求

- 必须会装配式施工
- 最好有独特产品技术或产业联盟

建筑产业转型升级与哲学思辨

工厂化装配式替代现浇体系唯有：

- 更好
- 更省
- 更快

敦煌文博会主场馆8个月就又好又省又快建成

科技发展同样应遵循马克思主义的哲学观点，即历史唯物主义和辩证唯物主义观点。
- 用发展的眼光分析重大技术的是非曲折与来龙去脉
- 用全面辩证的思维找准可行路线（两利相权取其大，两害相衡取其轻）

× 设计集团发展工厂化装配式建筑的建议如何看？
- 为什么发展工厂化装配式建筑
- 目前几种模式与市场细分
- 优势分析

■ × 设计集团为什么发展工厂化装配式建筑

√ 行业转型的要求
√ 集团发展战略的要求
√ 优势延伸、增量效应、形成产业链

※ 国际化大都市发展经历了三个阶段

√ 城镇化（农村富余劳动力转型）
√ 逆城镇化（城市扩张 & 人口外迁）
√ 二次城市化（中心化、高端化）

纽约曼哈顿是经典案例

※ 2050年实现中国梦，经济总量将占世界1/3，每个省都富可敌国，每个省会城市都是国际化大都市，高层超高层建筑仍要发展。

※ 互联网+思维、"一带一路"战略、亚投行等会给发展带来巨大想象空间。
※ 上市公司受概念影响

节能减排　　先进制造业
　　建筑工业化
城镇化　　互联网+　？
　　　一带一路

※ 工厂化装配式产品更好、更省、更快，有远大等
　 工厂化装配式项目更好、更省、更快，某设计集团？中建？

克劳塞维茨说：任何思维都是一种能力。
建议学会用"互联网+"思维分析问题。

二、信息化

- BIM 技术是建筑产业信息化的重要抓手
- 推广 BIM 技术要解决两个问题

有专家指出，大数据技术会是第四次工业革命，我们姑且听之。但大数据技术对建筑产业的深刻广泛影响已悄然而至，那就是 BIM 技术，覆盖勘察、设计、施工、运维等过程，主要包括三维设计可视、专业协同、三维分析模拟、工程成本预测、绿色建筑等应用。

BIM 技术中关于冲突检测、绿色建筑、成本与进度管理、安全质量管理、供应链管理、运营维护等关键技术的广泛应用已经开始产生促进建筑业技术升级、降低材料和能耗、提升信息化水平、促进工厂化装配式建筑发展、促进建筑产业全产业链发展的效果。

当然 BIM 技术仅仅是建筑产业信息化的抓手之一。关于互联网技术在建筑产业中的应用，有些在 BIM 技术中体现了，有些还在摸索。

BIM技术发展中的主要问题有两个方面。一方面由于我国房屋和市政基础设施建筑市场一直沿用计划经济条件下的分割模式（成为最后的堡垒），即设计、施工和监理分别对应业主，形不成优化设计、缩短工期、节省投资的总承包体，客观上限制了其优化和创新动因，没有形成"花自己的钱办自己的事""交钥匙"的真正总包方。对BIM技术推广带来的问题，一是BIM优化的效益无法获取，只有成本，没有收益。二是设计、施工两张皮，各自BIM技术难以贯通。

另一方面是发展不平衡，确有很多BIM技术应用的成功范例，在国际上都处于领先地位，但大多数设计、施工单位由于前述原因还处于"要我搞""应景式"阶段。

以上两方面问题都是市场体制造成的，根本原因在于市场模式。相信随着设计施工总承包模式（EPC）的快速推广会有根本性改观。

关注：

- BIM技术
- 大数据技术在建筑中的应用

※ 南通四建的创新——材料供应平台联盟
  河南林州的实践——政府创建材料供应平台联盟

三、标准化

- 建筑产业标准化已有成效
- 建筑产业标准化还要解决两个方面问题

我国建筑产业标准化工作自始至终具有全局性和战略性考虑，特别是改革开放以后以房屋建筑为重点的标准化工作更是成就斐然，具有全面覆盖、全寿命周期（建设、使用）、全新技术领域、全体系（国家标准、行业标准和地方标准、协会标准、企业标准）等四个方面特点。

抗震标准经受了"5·12"汶川地震的全面检验。

事实表明,凡是20世纪90年代开始执行89版抗震标准后新建和加固的房屋,基本上未倒塌,确保大震时人的生命安全,实现了"大震不倒(实际烈度超过设防烈度)、中震可修(实际烈度等于设防烈度)、小震不坏(实际烈度小于设防烈度)"的设计要求。

以成都市为例,其设防烈度7度,实际发生也是7度,即中震,但成都安然无恙,房屋很少出现开裂损坏,尤其是90年代以后新建和加固的房屋基本上处于中震不坏、不用修的状态。

节能标准对国家节能减排战略贡献突出。

我国自2005年开始全面推行建筑节能标准,2007年实现了"三个全覆盖",即地区全覆盖(三北地区、冬冷夏热地区、冬暖夏热地区)、类型全覆盖(住宅建筑、公共建筑)、过程全覆盖(设计、施工、验收),受到世界的广泛关注。

同时,我国还基本上实现了绿色建筑标准,即节能、节地、节水、节材、环境保护(简称"四节一环保"),并延伸至绿色施工标准,从注重结果向注重过程转变。

建筑产业标准化还要解决两个方面问题

　　一是标准体系中国标与行标职责划分不清及对技术创新的影响问题。

　　建议，一方面要梳理国标体系，另一方面要加强和完善工厂化装配式建筑的行业标准和地方标准工作。

　　二是在推进"一带一路"倡议中反映出来的标准国际化问题。建筑业企业在"走出去"过程中遇到最大的问题就是我国标准国际化的问题。

　　约瑟夫·奈说，在信息时代，真正的赢家是那些会讲故事的国家和组织，美国政府及其企业在这方面做得一直很好。

　　建议要加快做好我国标准与欧美体系（重点就是英美德法和欧盟标准）的全面对照对接工作和标准的专业翻译工作，要作为国家层面的战略性工作来抓好。

关注

- 牢固树立企业标准高于国家标准和行业标准的理念。
- 今后要加强协会标准工作
- 衡量质量管理水平的新三要义：
  　　鲁班奖＋企业标准＋优秀工匠

四、绿色化

- 牢牢抓住绿色发展理念的关键
- 正确把握城市规划建设发展方向
- 要有引领世界城市规划建设发展方向的自信

绿色已成为国家发展理念，并列入新时期建筑方针（适用、经济、绿色、美观）。

绿色发展的核心在于低碳。清华大学胡鞍钢教授认为，当前的全球低碳经济运动无疑是第四次工业革命。低碳经济不仅成为当今世界潮流，已然成为世界各国政治家的道德制高点，而且也揭示了城市规划建设的实质。

三个趋势，一是尽可能减少钢材水泥玻璃用量；二是尽可能实现工厂化装配式，减少工地消耗和污染；三是尽可能从方案论证开始排除碳排放高的建筑方案。

经济基础决定上层建筑。当今引领世界城市尤其是国际化大都市规划建设发展方向的毫无疑问是欧美一些国家。

当前，我们不但要把握好国际化大都市规划建设的正确发展方向，而且还要清醒意识到我国将历史地担当这一发展方向的引领者的责任。

◆ 建筑产业转型升级与哲学思辨

首先是借鉴，要对是非曲直有准确的判断。以美国为例，一方面一般城市规划建设深受霍华德"田园城市"思想影响，摊大饼、汽车轮子上的国家，土地和能源严重浪费。另一方面，国际化大都市商业中心区（以纽约曼哈顿为例）规划建设却又极尽节省土地空间之能事，开创了许多国际化大都市之先河。交通路网密布，不在车流人流和交通路网上算小账，而在建筑高度、容积率上算大账。

在此基础上，强调高层超高层建筑之间高度、体量、色彩、风格上的协调并注重形成建筑轮廓线。

据经济学家预测，中国的经济总量将会在2050年前后占世界经济总量的约1/3。无论历史地看，还是现实地看，中国都将引领世界城市规划建设发展方向，这是中华民族伟大复兴的中国梦不可或缺的部分。

中国共产党作为执政党具有艰苦奋斗的优良作风，中华民族具有勤俭节约的传统美德，当前世界正崇尚低碳发展的道德要求。三者合一，用低碳、简约、实用原则抓好城市规划建设，应当成为引领发展方向的价值观。

兼谈城市总规与城市建设的结合问题

城市天际线

建筑轮廓线

交通路网

附 录

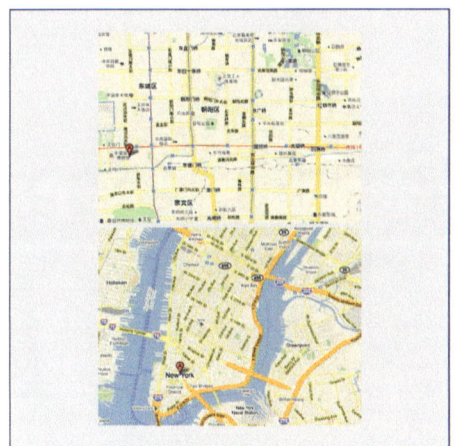

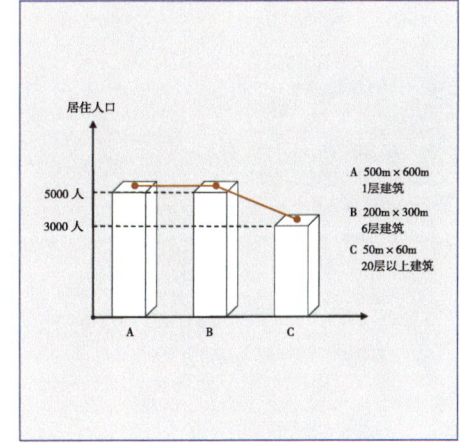

居住人口

A 500m × 600m 1层建筑
B 200m × 300m 6层建筑
C 50m × 60m 20层以上建筑

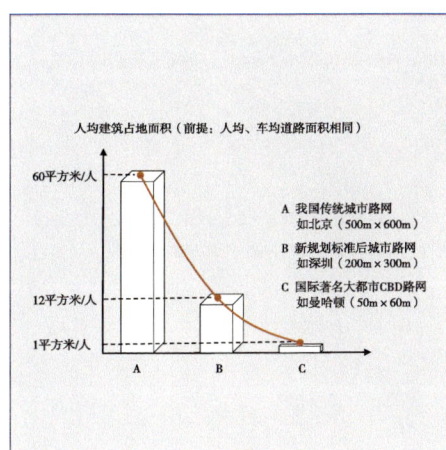

人均建筑占地面积（前提：人均、车均道路面积相同）

A 我国传统城市路网 如北京（500m×600m）
B 新规划标准后城市路网 如深圳（200m×300m）
C 国际著名大都市CBD路网 如曼哈顿（50m×60m）

思考：

- 总规与标志性建筑的协调（高度、体量、色彩、风格）
- 低碳城市与低碳建筑（简约、实用、合理）
- 科学的交通路网与建筑容积率

※ 重视城市地下管网建设！

关注：

雄安新区令人期待！
- 为什么要规划建设雄安新区？
- 如何规划建设好雄安新区？

■ 为什么规划建设雄安新区：

一是重点打造北京非首都功能疏解集中承载地，可以有效缓解北京大城市病，与北京城市副中心形成新的两翼。
二是有利于加快补齐区域发展短板，提升河北经济社会发展质量和水平，培育形成新的区域增长极。
三是有利于调整优化京津冀城市布局和空间结构，拓展发展新空间，探索人口经济密集地点优化开发新模式，打造全国创新驱动发展新引擎，加快构建京津冀世界级城市群。

——发改委主任何立峰

■ 如何规划建设好雄安新区：

从宏观、战略和历史的层面，我建议：
一是历史性地把握好雄安新区规划建设的三要素——城市天际线、建筑轮廓线、科学的交通路网。
二是全面地把控好规划建设的核心价值观内涵——低碳、简约、实用。
三是深刻地把握住其特殊的政治、经济、社会、文化、历史的重要作用——演义中华民族伟大复兴历史责任的现代化的国际化大都市的经典范例，千年大计。

五、设计施工一体化

- 设计施工一体化的趋势
- PPP 模式下的深刻影响

我国的房屋建筑市场模式改革虽同时起步（从1987年全国推行鲁布革试点经验开始），但未能及时跟上工业（如石化、电力、冶金、纺织等）及部分铁路、交通、水利项目市场模式变革的步伐，大多仍延续着计划经济条件下的模式，弊端已充分暴露（中标前甲方压级压价肢解总包强行分包严重；中标后设计、施工方不断变更洽商追加投资超概严重；低层次恶性竞争激烈，市场混乱，腐败频发，问题突出）。

原因就在于其背离了市场经济"花自己的钱办自己的事，才既讲节约又讲效率"的规律。

如深圳地铁五号线采用总承包方式实现节省投资15%、缩短工期38%、实实在在体现了"三个有利于"（有利于又好又快建设，有利于设计施工总承包企业做强做大，有利于公共投资项目监督方式创新提高效益效率、有效杜绝腐败），此后许多城市建设地铁时都复制了这种方式。

今后建筑产业的竞争可能更多是在EPC市场模式下的竞争，必须做到"交钥匙"基础上的更好、更省、更快，由此可以预见建筑产业综合技术的集成应用将是核心竞争力的关键。

浙江中天是建筑业知名企业，在下行压力下却逆势而上，其成功经验就是发挥专业技术优势，主动提前优化、缩短工期、节省投资，中标价和结算价惊人的吻合，赢得更多高端回头客。

上海现代集团作为全国最大的超高层建筑设计承包商，刚刚成功借壳上市，提出了两大发展战略，其一就是发展EPC。

这就是供给侧改革。

以上，无论是中铁工的全面总承包经验，还是中天的以施工单位为主实质推动总承包的经验，亦或是现代集团将以设计为龙头推动总承包的实践，九九归一，都是建筑产业推行设计施工总承包一体化市场模式改革，实现更好、更省、更快的有效方式。目前就假定哪种方式唯一是不现实的，也容易引发不必要的矛盾。

需要关注的是，在EPC基础上更深层次的改革，即PPP模式。EPC的关键在于形成真正意义上优化设计、缩短工期、节省投资的甲乙双方理性契约关系。PPP则是更深入的改革，是投资方式改革的深化，必然产生公共投资项目全面提高投资质量和效益的改革效果，不以人的意志为转移。可以断定，真正意义的PPP必然需要EPC，真正实现EPC则必然需要建筑产业综合技术的全面创新和提升。相信，这将会是经济新常态下转型发展的必然要求，也是供给侧改革创新的必然要求。

关注：

- 中国铁工、中建等真正意义上的设计施工总承包。
- 中天、苏中建设等内涵式的设计施工总承包。
- 现代集团、华蓝集团等以设计为龙头的设计施工总承包。

特别需要指出，中天、苏中的经验在 PPP 模式下有新的发展空间，就是承接 PPP 模式下的 EPC 项目，为甲方创造价值。

江苏省政府的一些鼓励做法，河南省领导的关注，苏中建设在海南的实践。

推广 PPP 后：

央企、国企、上市企业实现跨越且转型，由建筑承包商向 PPP 综合承包商转变，获取投资、承建、运营三个效益。

其他企业如果不能转型，但也必须跨越，必须寻找新的市场细分，要靠 EPC 为新的 PPP 项目业主创造价值。

六、国际化

参与"一带一路"倡议。我们在紧密跟踪调研建筑业企业的成功实践，如云南建工、福建建工、东南网架、苏中建设等。

七、资本化

克劳塞维茨说：任何思维都是一种能力。

建议学会用"互联网+"思维分析问题。

关注：

彼得·蒂尔《从 0 到 1，开启商业与未来的秘密》诠释了"互联网+"的新思维——未来、预期、结合上市。

建筑业几大央企经验值得研究。上海现代集团未来发展可资借鉴。

建筑产业现代化

= ■ 装配化
■ 信息化   ■ 国际化
■ 标准化 +
■ 绿色化   ■ 资本化
■ 一体化

附 录

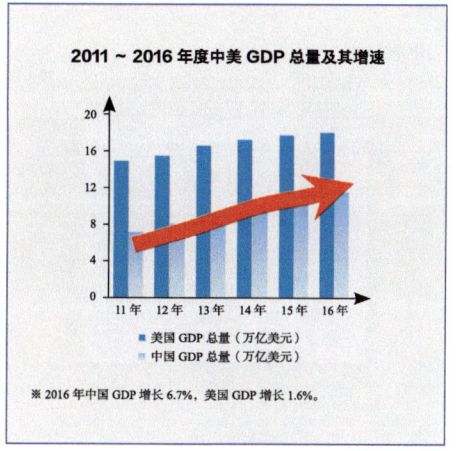

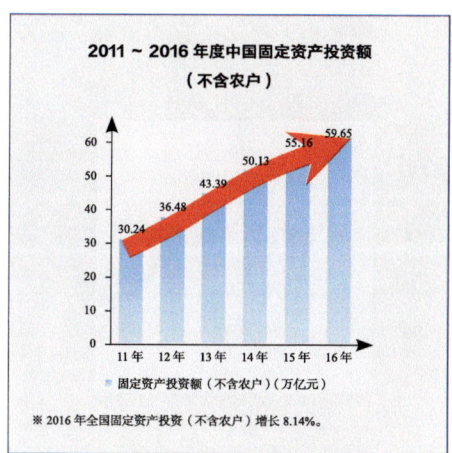

中央关于雄安新区规划建设的决定，告知我们一个重要现实——中国的经济发展潜力空间依然是十分巨大的。

◆ 建筑产业转型升级与哲学思辨

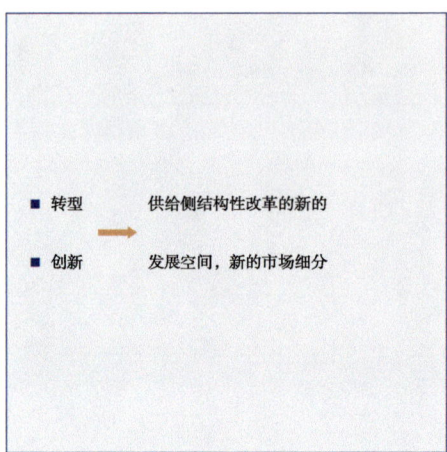

祝在座企业家在转型发展和创新模式上，在5化+2化上取得更大成就！引领建筑产业现代化发展方向！

2.《建筑产业的三场变革与三件大事》

（应邀为住房和城乡建设部干部学院、中国建设教育协会、江苏省建筑业协会、内蒙古建筑业协会、武汉市建筑业协会、2017年P20高峰论坛、杭州钢构大会等作学术报告，应邀在甘肃建投、河南基本建设研究院、北京建工党校等作专题报告）

当前建筑业改革发展中的
三场变革和三件大事

王铁宏

建筑产业现代化

= ■ 装配化
  ■ 信息化   ■ 国际化
  ■ 标准化 +
  ■ 绿色化   ■ 资本化
  ■ 一体化

关于三场变革：
- 建造技术路径的深刻变革——大力发展装配式建筑
- 市场模式的深刻变革——全面推行 PPP 模式
- 政府监管方式的深刻变革——新一轮建筑业改革

关于三件大事：
- 世界大事——"一带一路"倡议
- 国家大事——雄安新区规划建设
- 行业大事——增强信心

一、建造技术路径的深刻变革
　　——大力发展装配式建筑

应对的挑战：全面转型发展

- 地方政府：√必须加大倒逼机制 √必须加大鼓励政策和必须加强示范引导 √必须抓住机遇提升经济实力
- 建设方：√必须采用装配式 √必须降低成本 √必须为广大用户带来好处
- 设计方：√必须采用装配式 √必须是装配式设计 √必须有新的设计核心能力
- 施工方：√必须是装配式施工 √必须尽快谋划发展装配式产业 √必须引申发展装配式建造的核心能力

引申发展：

- 装配式建筑与 BIM 技术
- 装配式建筑与超低能耗被动式建筑
- 装配式建筑与 EPC 结合

用全面辩证思维消除当前装配式建筑发展中的三个顾虑：

- 担心装配式建筑抗震性能
- 怀疑装配式建筑发展前景
- 认为装配式建筑成本过高

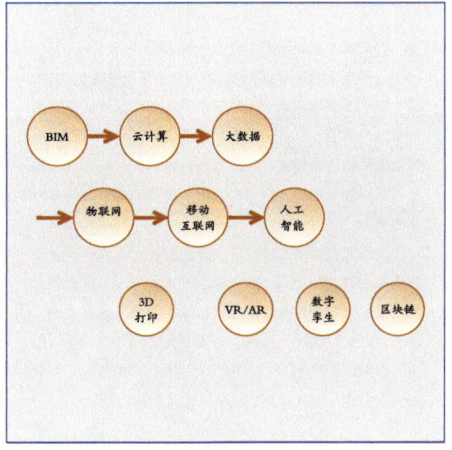

二、市场模式的深刻变革
——全面推行 PPP 模式

PPP 项目为建筑企业带来的机遇

国家大力推行 PPP 模式，逐渐形成了巨大的市场规模。从财政部 PPP 项目库看，截至 2017 年 3 月末，全国入库项目共计 12287 个，累计投资额 14.6 万亿元。其中，已签约落地项目 1729 个，投资额 2.9 万亿元，落地率 34.5%。国家示范项目共计 700 个，累计投资额 1.7 万亿元。其中，已签约落地项目 464 个，投资额 1.19 万亿元，落地率 66.6%。从国家发改委 PPP 项目库看，自 2015 年起，第一批向社会公开推介了 1043 个项目，总投资 1.97 万亿元，第二批公开推介了 1488 个项目、总投资 2.26 万亿元。

　　PPP 项目的大市场，带来发展机遇的同时也带来了挑战。目前建筑业企业在参与 PPP 项目方面一个明显的现象就是"国进民退"，建筑业央企和国有企业承揽了已落地的大部分 PPP 项目，而民营企业则参与有限或很难参与。

究其原因：
　　一是地方政府对与民营建筑业企业合作存有顾虑，担心民营企业违约风险高，容易引发对政府监管不力、国有资产流失、利益输送等方面的质疑。
　　二是民营建筑业企业在 PPP 项目上的竞争力不强，特别是融资能力有限的短板，让民营企业对 PPP 项目望而兴叹。

如何推动民营建筑业企业参与 PPP 项目:

一是地方政府加大对民营建筑业企业的扶持力度,从既保障 PPP 项目顺利实施又切实促进本地区建筑业企业发展的角度,制定相关鼓励扶持政策。江苏省在这方面的做法就值得借鉴。江苏省政府的思路很有启发,如果江苏的项目都不让江苏企业干,那他们还怎么到外地参与竞争。

二是民营建筑业企业要发挥自身特点,联合优势互补企业参与 PPP 项目。民营建筑业企业要充分发挥经营机制灵活、管理决策效率高的优势和作为本地企业的优势,根据实际情况,选择能与自身优势互补的央企、国企联合竞标 PPP 项目。也可以尝试通过战略重组、与金融机构合作等方式,多渠道解决资金短缺问题。

三是民营建筑业企业可采用设计施工总承包模式,积极介入已落地实施的 PPP 项目,承揽其施工总承包业务。随着国家级、省级、市级乃至县级 PPP 项目的不断落地,市场整体规模将超出建筑业央企和国企的承揽能力,民营建筑业企业必将会大有可为。因此,民营企业要勇于创新发展,加快转型升级,主动适应市场变化,充分认识和发挥自身比较优势,提升精细化管理水平和风险管控能力,不断抢抓发展机遇。

需要关注的是,在 EPC 基础上更深层次的改革,即 PPP 模式。EPC 的关键在于形成真正意义上优化设计、缩短工期、节省投资的甲乙双方理性契约关系。PPP 则是更深入的改革,是投资方式改革的深化,必然产生公共投资项目全面提高投资质量和效益的改革效果,不以人的意志为转移。可以断定,真正意义的 PPP 必然需要 EPC,真正实现 EPC 必然需要建筑产业综合技术的全面创新和提升。相信,这将会是经济新常态下转型发展的必然要求,也是供给侧改革创新的必然要求。

关注:

- 中国铁工、中建等真正意义上的设计施工总承包。
- 中天、苏中建设等内涵式的设计施工总承包。
- 现代集团、华蓝集团等以设计为龙头的设计施工总承包。

特别需要指出,中天、苏中的经验在 PPP 模式下有新的发展空间,就是承接 PPP 模式下的 EPC 项目,为甲方创造价值。

推广 PPP 后:

央企、国企、上市企业实现跨越且转型,由建筑承包商向 PPP 综合承包商转变,获取投资、承建、运营三个效益。

其他企业如果不能转型,但也必须跨越,必须寻找新的市场细分,要靠 EPC 为新的 PPP 项目业主创造价值。

三、政府监管方式的深刻变革
——新一轮建筑业改革

国办《关于促进建筑业持续健康发展的意见》中涉及的深层次改革有：
- 关于建筑市场模式改革
- 关于招投标制度改革
- 关于政府监管方式改革
- 关于质量监督的主体责任改革
- 关于工程项目支付方式改革和投标价格改革

等

其中：
- 关于市场模式改革，明确鼓励 EPC 模式；
- 关于招投标制度改革，明确按投资主体重新要求，对社会资本投资项目不再简单一刀切；
- 关于政府监管方式改革，开始直面问题，明确对甲乙双方同等要求追责；
- 关于质量监督主体责任改革，明确了要研究建立质量监督队伍问题。

……………………

这些改革都是深层次的，方向是正确的，效果令建筑业期待。

现在关键的关键就是看这些改革怎么落地，什么时候落地。

值得关注后续一系列的配套文件。

四、世界大事——"一带一路"倡议

"一带一路"倡议构想提出三年多来，伴随着加强基础设施互通互联，带动了大批重大项目建设，给建筑施工企业带来新的市场拓展空间。

大格局，大思维，大战略。

为推进建筑业落实"一带一路"倡议，深入开展建筑业国际产能合作，经住房和城乡建设部同意，经国家发改委批准，中国建筑业协会发起成立了中国建筑业国际产能合作企业联盟。

联盟将以建筑业企业需求为导向，提供政策、金融、法律、标准、信息等全方位综合服务，与国外经济组织机构交流合作，搭建建筑业企业协作平台。联盟还将配合政府相关部门，加强行业自律，促进企业之间的协调合作，推进建筑业国际产能合作的可持续发展。

中国建筑业协会积极引导建筑业企业参与"一带一路"倡议，一方面协会搭建了建筑业践行"一带一路"倡议的重要的经验交流平台，每年召开一次经验交流大会。另一方面，协会紧密跟踪调研建筑业企业的成功实践，如云南建工、福建建工、东南网架、苏中建设等，推广他们在"借船出海""抱团出海""融入当地""深耕细作"等方面创新的好经验、好做法。

五、国家大事——雄安新区规划建设

- 为什么规划建设雄安新区
- 如何规划建设雄安新区

中央关于雄安新区规划建设的决定，告知我们一个重要现实——中国的经济发展潜力空间依然是十分巨大的。

六、行业大事——增强信心

近期建筑业的总体形势

- 2016 年国内生产总值达到 74.4 万亿元，增长 6.7%，对全球经济增长的贡献率超过 30%。
- 全社会固定资产投资（不含农户）59.7 万亿元，增长 8.1%，其中基础设施投资 11.9 万亿元，增长 17.4%。
- 2016 年全社会建筑业实现增加值 4.95 万亿元，比上年增长 6.6%，占国内生产总值比例为 6.7%。建筑业总产值 19.4 万亿元，同比增长 7.1%，增速比上年增加了 4.80 个百分点。这是建筑业总产值增速自 2011 年连续 5 年下降后，首次出现反弹。
- 全年签订合同总额 37.4 万亿元，同比增长 10.79%，其中新签合同额 21.3 万亿元，同比增长 15.42%。这两项指标中，签订合同总额增速结束了连续 5 年下降的局面，新签合同额增速更是由负转正。

附 录

国家对建筑业的重视和有利于行业发展的新形势

- 一是国务院印发《关于促进建筑业持续健康发展的意见》，时隔32年，国务院再次为建筑业改革发展制定顶层设计。
- 二是住房和城乡建设部发布明确了六大发展目标，提出了九大主要任务。
- 三是雄安新区规划建设利好建筑业发展。作为千年大计、国家大事的雄安新区规划建设，消息一经发布就引起世人瞩目，单从股市中相关概念股的一路高歌就可看出雄安新区对经济发展的重大意义。雄安新区规划建设在基础设施建设、绿色节能建筑、装配式建筑、智能建筑、综合管廊等方面将带来巨大的市场。
- 四是国家大力推行PPP模式和PPP项目的不断落地，建筑业迎来了更为广阔的发展空间。

- 五是装配式建筑的发展加快，以上海市为代表的地方政府不断加大对装配式建筑的推广力度，逐渐形成市场倒逼机制。
- 六是"一带一路"倡议加快了建筑业企业"走出去"的步伐。2016年我国企业在"一带一路"沿线61个国家新签对外承包工程项目合同8158份，新签合同额1260.3亿美元，占同期我国对外承包工程新签合同额的51.6%，同比增长36%。

三场变革

三件大事

| 顺应大势 | 把握大局 | 制定大策 |
| 战略思维能力 | 创新思维能力 | 辩证思维能力 |

敬请批评指正！

3.《建筑业转型升级的三条主线与数字建筑业发展方向》

（应邀为中国建设报社主办的关于造价研讨会、中国房地产报举办的论坛、筑龙网大讲堂作主旨报告，应邀为中国房地产报、清华大学、北京大学、河南工业大学、同济大学30人论坛、中国建设教育协会、住建部干部学院、中国金属结构协会、深圳市建筑业协会、福建省建筑业协会、武汉市新洲区政府、河南省林州市政府等作学术报告，应邀在攀成德、中亿丰、中建七局、远大住工、济南城建、中核建设、中铁六局等作专题报告）

建筑业转型升级的三条主线与数字建筑业发展方向

王铁宏

习近平总书记强调，加快建设数字中国，更好服务我国经济社会发展和人民生活改善。

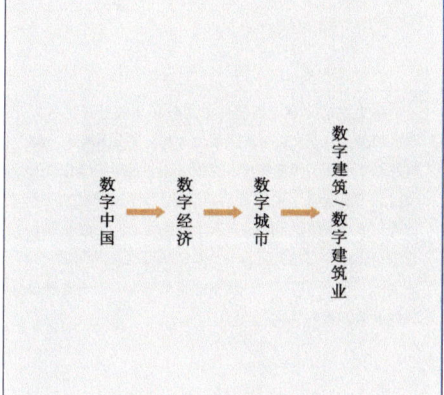

数字中国 → 数字经济 → 数字城市 → 数字建筑、数字建筑业

建筑业改革发展的三条主线：
- 建筑业深化改革主线
- 建筑业转型升级主线
- 建筑业科技跨越主线

建筑业改革发展的四点思考：
- 关于装配式建筑发展
- 关于市场模式变革
- 关于"一带一路"倡议对建筑业的深刻影响
- 关于雄安新区规划建设对建筑业转型升级实现跨越的促进作用

主线一：建筑业深化改革主线

国办《关于促进建筑业持续健康发展的意见》就建筑市场模式改革以及政府监管方式改革等做出了明确规定。

国办《关于促进建筑业持续健康发展的意见》中涉及的深层次改革有：
- 关于市场模式改革，明确鼓励 EPC 模式；
- 关于招投标制度改革，明确按投资主体重新要求，对社会资本投资项目不再简单一刀切；
- 关于政府监管方式改革，开始直面问题，明确对甲乙双方同等要求追责；
- 关于质量监督主体责任改革，明确了要研究建立质量监督队伍问题。
  等

这些改革都是深层次的，方向是正确的，效果令建筑业期待。

现在关键的关键就是看这些改革怎么落地，什么时候落地。

值得关注后续一系列的配套文件。

主线二：建筑业转型升级主线

以绿色发展为核心，全面深入地推动绿色建筑、装配式建筑、超低能耗被动式建筑发展等，以及推广绿色施工、海绵城市、综合管廊等实践。

绿色发展的核心在于低碳，低碳经济揭示了城市规划建设的实质，需要我们正确把握城市规划建设发展方向，同时要有引领世界城市规划建设发展方向的自信。

主线三：建筑业科技跨越主线

关于数字建筑，有人认为主要就是 ABC（人工智能+BIM+云计算等数字技术应用），我认为尚需国内专家学者深入研究梳理形成权威意见。

关于数字建筑业则是一个实践层面的科技发展问题，很多建筑业大企业的主要负责同志充分重视该领域科技创新发展，率先在项目管理、企业管理中综合应用 BIM 以及云计算、大数据、物联网、移动互联网、人工智能以及 3D 打印、VR/AR、数字孪生、区块链等数字技术。这是中国建筑业与一些发达国家建筑业并驾齐驱的领域，很有可能是中国建筑业弯道超车，引领世界建筑业发展方向的领域。

围绕以上三条主线，我想谈以下四个问题。

关注一：装配式建筑发展

- 中国为什么要发展装配式建筑
- 如何发展装配式建筑

关注二：市场模式的深刻变革

成功范例：

中建科工通过积极探索创新实践，成功地从单一钢结构承包商转变升级为综合建筑承包商、EPC 承包商并最终成为 PPP 承包商，这种转型升级的跨越式发展实践值得学习借鉴。

关注三："一带一路"倡议对建筑业的深刻影响

"一带一路"沿线国家大多是新兴经济体和发展中国家，普遍处于经济高增长时期，基建需求庞大，开展互利合作的前景广阔，基础设施互联互通是优先建设领域。

"一带一路"将拉动沿线国家区域整体开发建设，也给中国阶段性、结构性供大于求的基础建设产能，包括交通、钢铁、水泥等行业提供了发展出路，必将超越中国企业传统的在海外修路架桥的简单模式，为中国企业"走出去"提供了更广阔的发展空间。

2016 年对外承包工程完成营业额达到 1594.2 亿美元，比 2012 年增长 37%。对外承包工程新签合同额达到 2440.1 亿美元，比 2012 年增长 56%，超过了国内建筑业新签合同额的同期增长速度。据商务部披露，2016 年中国企业在"一带一路"沿线 61 个国家新签对外承包工程项目 8158 项，新签合同额 1260.3 亿美元，同比增长 36%。2017 年 1 至 7 月，新签合同额 1352.3 亿美元，同比增长 36%。

其中一个特点是在"一带一路"沿线的 61 个国家对外承包工程新签合同额 780.9 亿美元，占同期总额的 58%，同比增长 33%。另一个特点是新签大项目多，合同额在 5000 万美元以上的项目 384 个，合计 1072.7 亿美元，占新签合同总额的 79%。对外承包工程带动货物出口 84.6 亿美元，同比增长 20%，高于同期货物贸易出口增幅，带动出口作用明显。

以上数据表明,在我国经济发展步入新常态,经济下行压力加大的形势下,中国建筑业企业积极开拓国际工程承包市场,不仅保证了行业的稳定持续发展,也为推进"一带一路"建设,支持其他行业国际产能合作,带动国际贸易增长发挥了积极作用。

成功范例1:

云南建投是我国最早走出去的国有企业之一,已承建了100余个国际工程项目,海外营业收入累计达30多亿美元,荣获外国政府勋章5项,境外鲁班奖4项,业务遍及东南亚、南亚、中亚、中东和非洲等10余个国家和地区,海外常驻机构20多个,常驻海外员工2000余人。

成功范例2:

中建四局的印尼雅加达项目近7000万 m^2,是印尼最大的保障房项目,均为 $40\sim70m^2$ 小户型。该项目是由中建四局串出来的,印尼方有地并负责报建,贵阳一地产公司有资金并负责开发,四局协调并承建,三方共赢,采用装配式建筑。据介绍,当地的购房者天天都要到工地上看,翘首以盼。

成功范例3:

东南网架的巴拿马国际产业城项目,由巴拿马方出地并负责报建协调,一中资公司负责出资,东南网架负责承建,也是三方共赢,占地5.5平方公里。该项目也是由东南网架"深耕细作"串出来的。

云南建投、中建四局、东南网架践行"一带一路"的经验表明,中国建筑业企业通过"借船出海""抱团出海""融入当地""深耕细作",是有所作为的。

关注四:雄安新区规划建设对建筑业转型升级的促进作用

- 为什么规划建设雄安新区
- 如何规划建设好雄安新区

附 录

归纳：

3—4—5

3 条主线

- 建筑业深化改革主线
- 建筑业转型升级主线
- 建筑业科技跨越主线

4 方面思考

- 关注装配式建筑发展
- 关注市场模式的深刻变革
- 关注"一带一路"倡议对建筑业的深刻影响
- 关注雄安新区规划建设对建筑业转型升级的促进作用

建筑产业现代化，即 5 化 +2 化

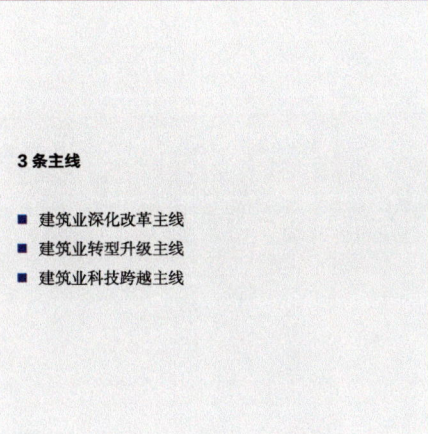

- 转型 　　供给侧结构性改革的新的
- 创新 　　发展空间，新的市场细分

数字建筑业不同于数字建筑，当人们还在争论什么是数字建筑的时候，可能数字建筑业早已风生水起，蓬勃发展了。或者说，数字建筑业建造的可能是数字建筑也可能是非数字建筑。

目前有的研究团队已单刀直入，合作成立专门研发团队，全力抓示范，抓推广，教会其他企业推广数字建筑业。这一举动不仅是科研，也是推广；不仅是成果，也是商业。

敬请批评指正！

4.《建筑业企业改革发展和转型升级的哲学思考》

（应邀在2018年P20建筑业峰会、清华大学主办的建筑业高峰论坛、雄安新区高峰论坛、第二届数字中国（福州）峰会、江苏省住建厅主办的论坛上作主旨报告）

建筑业企业改革发展和转型升级的哲学思考

王铁宏

建筑业在国民经济中的作用十分突出,2017年建筑业总产值达到21.4万亿,占GDP约26%,从业者5537万,是名副其实的支柱产业。

建筑产业现代化

$$= \begin{array}{l} ■ 装配化 \\ ■ 信息化 \quad ■ 国际化 \\ ■ 标准化 \quad + \\ ■ 绿色化 \quad ■ 资本化 \\ ■ 一体化 \end{array}$$

建筑业改革发展的三条主线:

- 建筑业深化改革主线
- 建筑业转型升级主线
- 建筑业科技跨越主线

主线一:建筑业深化改革主线

国办《关于促进建筑业持续健康发展的意见》就建筑市场模式改革以及政府监管方式改革等做出了明确规定。

国办《关于促进建筑业持续健康发展的意见》中涉及的深层次改革有:

- 关于市场模式改革,明确鼓励EPC模式;
- 关于招投标制度改革,明确按投资主体重新要求,对社会资本投资项目不再简单一刀切;
- 关于政府监管方式改革,开始直面问题,明确对甲乙双方同等要求追责;
- 关于质量监督主体责任改革,明确了要研究建立质量监督体制问题。

等等

附 录

这些改革都是深层次的，方向是正确的，效果令建筑业期待。

现在关键的关键就是看这些改革怎么落地，什么时候落地。

值得关注后续一系列的配套文件。

要真刀真枪推进改革。抓住突出问题和关键环节，找出体制机制症结，拿出解决办法，重大改革方案制定要确保质量。

——习近平

主线二：建筑业转型升级主线

以绿色发展为核心，全面深入地推动绿色建筑、装配式建筑、超低能耗被动式建筑发展等，以及推广绿色施工、海绵城市、综合管廊等实践。

绿色发展的核心在于低碳，低碳经济揭示了城市规划建设的实质，需要我们正确把握城市规划建设发展方向，同时要有引领世界城市规划建设发展方向的自信。

绿色循环低碳发展，是当今时代科技革命和产业变革的方向，是最有前途的发展领域，我国在这方面的潜力相当大，可以形成很多新的经济增长点。

——习近平

主线三：建筑业科技跨越主线

关于数字建筑，有人认为主要就是 ABC（人工智能 +BIM+ 云计算等数字技术应用），我认为尚需国内专家学者深入研究梳理形成权威意见。

关于数字建筑业则是一个实践层面的科技发展问题，很多建筑业大企业的主要负责同志充分重视该领域科技创新发展，率先在项目管理、企业管理中综合应用 BIM 以及云计算、大数据、物联网、移动互联网、人工智能以及 3D 打印、VR/AR、数字孪生、区块链等数字技术。这是中国建筑业与一些发达国家建筑业并驾齐驱的领域，很有可能是中国建筑业弯道超车，引领世界建筑业发展方向的领域。

225

抓住了科技创新就抓住了牵动我国发展全局的"牛鼻子"。

国际竞争新优势也越来越体现在创新能力上。谁在创新上先行一步,谁就能拥有引领发展的主动权。

新一轮科技革命带来的是更加激烈的科技竞争,如果科技创新搞不上去,发展动力就不可能实现转换,我们在全球经济竞争中就会处于下风。

——习近平

围绕以上三条主线,重点需要研究四个问题:

- 关于装配式建筑发展
- 关于市场模式变革
- 关于"一带一路"倡议对建筑业的深刻影响
- 关于雄安新区规划建设对建筑业转型升级实现跨越的促进作用

应对当前建筑业企业改革发展和转型升级的机遇和挑战,我认为建筑业企业家应注重一些深层次的哲学思考。我有一些不成熟的想法供大家参考。

关于建筑企业改革发展,有 6 个观点供参考

- 全面辩证思维
- 共创共享思维
- 存量与增量关系
- 大客户战略与内涵式的 EPC
- 互联网 + 与未来预期思维
- 不求所有但求共享

克劳塞维茨说,任何思维都是一种能力。

一、全面辩证思维

习近平总书记指出,我们要坚持辩证唯物主义和历史唯物主义世界观和方法论。

全面辩证思维是马克思主义政党的基本哲学观点,看待任何事物都应有全面辩证思维。只有全面辩证思维才能使格局更高,胸怀更广。

案例一:关于 5·12 汶川地震房屋震害分析

5·12 汶川地震,震级 8.0 级,震源深度 14 公里,地震主要能量释放在一分多钟内完成。随后发生余震 2.6 万余次,其中最大余震震级达 6.4 级。据民政部门统计,截至 5 月底,四川、陕西、甘肃等十个省(市)共倒塌房屋 696 万余间,损坏 2336 万余间。其中,四川省倒塌房屋 558 万余间,损坏 2001 万余间。

面对人类历史上一次罕见的大地震,给国家和灾区群众造成如此巨大的灾难,做全面、科学、系统的房屋震害研究必不可少,这也是历史的要求。

抗震救灾期间，我带领调研组（包括四川、甘肃省厅的总工和有关单位专家）对遭受地震破坏最严重的绵竹市汉旺镇、北川县城和汶川县映秀镇的房屋毁损情况进行了实地专题调查和现场踏勘。

图1　地震分布情况　　有关同志在北川县城、汉旺镇映秀镇实地考察

房屋震害研究，应突出把握好全面和辩证的分析，主要内容包括：

- 要做各种破坏原因分析
- 要做各种破坏状态分析
- 要做城镇房屋与农村房屋的震害对比分析
- 要做超过与没有超过设防标准情况的对比分析

■ **要做各种破坏原因分析**

　　北川县城遭到毁灭性破坏的主要原因：
- √ 强震作用力（主要）
- √ 震中心区过大地表开裂或隆起（极罕见）
- √ 江河滩涂附近强震引起强烈的砂土液化（极个别，在映秀镇出现）
- √ 山体滑坡造成建（构）筑物被埋或被冲切破坏（北川县城等）

● **强震作用力**

图2　汶川地震——北川中学　　图3　汶川地震——漩口中学

● **震中心区过大地表开裂或隆起**

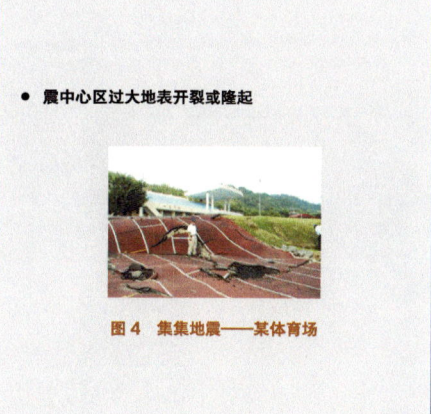

图4　集集地震——某体育场

◆ 建筑产业转型升级与哲学思辨

- 江河滩涂附近强震引起强烈的砂土液化

图5 汶川地震——漩口中学

- 山体滑坡造成建（构）筑物被埋或被冲切破坏

北川县城因山体滑坡造成老城区近1/3被埋没，新城区近1/4被埋没、破坏。

图6 汶川地震——北川县城

■ 要做各种破坏状态分析

以汉旺镇房屋受损调查结果分析

- ✓ 整体倒塌
- ✓ 部分整体倒塌或局部倒塌加严重破坏 ⇒ 倒塌
- ✓ 未整体倒塌但严重破坏或局部倒塌加严重破坏
- ✓ 未整体倒塌但有破坏甚至严重破坏 ⇒ 严重破坏

1. 整体倒塌

80年代以前修建的房屋，包括50年代修建的砖木结构及未经正规设计建造的房屋几乎全部倒塌；按《74版规范》设计，因抗震设防标准较低，构造措施较差或无构造措施的房屋，80%以上整体倒塌。

2. 部分整体倒塌或局部倒塌加严重破坏

1980~1990年间修建的房屋，或虽按《78版规范》进行设计，因抗震设防标准仍然较低，构造措施仍然较差，约有40%~50%整体倒塌，其余为局部倒塌加严重破坏。

3. 未整体倒塌但严重破坏或局部倒塌加严重破坏

1990~2000年间修建的房屋，按《89版规范》进行设计，因抗震设防标准有一定提高，并采取抗震构造措施，该时期修建的房屋，一般未出现整体倒塌但严重破坏，或局部倒塌加严重破坏。局部倒塌的原因有待分析。另外，汉旺镇几栋虽为70年代修建，但按《89版规范》进行抗震加固的房屋亦属于此类，没有整体倒塌但严重破坏。

附　录

4．未整体倒塌但有破坏甚至严重破坏

2000年以后修建的房屋，按现行《01版规范》进行设计，因抗震设防概念明确，抗震构造措施要求严格，该时期修建的房屋，即使烈度为10度，超过设防烈度约4度，一般也未出现整体倒塌或局部倒塌，仅为破坏甚至严重破坏，有些可能有加固价值，有些经鉴定应予拆除。

通过对汉旺镇房屋倒塌毁损情况的研究分析，我们可以初步得出结论，只要完全按照现行的《01版规范》设计施工，即使地震作用超过设防烈度一些，建筑物也可以在大震时不倒，保证室内人员的生命安全；基于唐山地震经验教训编制的《89版规范》，能够保证地震作用初期房屋不倒塌，为室内人员逃生赢得宝贵时间。

■ **要做城镇房屋与农村房屋的震害对比分析**

据有关部门统计，汶川地震共造成川、陕、甘三省房屋倒塌约1.6亿平方米、696万余间，其中，农村房屋（无设计图纸、无政府监督、无施工监管）占到87%多，而纳入政府建设监管体系的城镇房屋（有设计图纸、有政府监督、有施工监管）仅占12%多，即约2000万平方米、约70多万间。折算起来，相当于倒塌的城镇楼房约1万多栋，这些楼房分布在100多个县（市），包括了解放前的几乎全部建筑，50年代、60年代、70年代的大部分建筑和80年代的一部分建筑。

有一点非常重要，就是凡是按照89版《建筑抗震设计规范》建造的房屋，即90年代以后的建筑几乎没有整体倒塌，但有严重破损，关键是为人逃生留出了宝贵时间。比如地震破坏最严重的汉旺镇，在实际地震烈度大大超过设防烈度3.5～4度的情况下，几乎没有出现89版规范实施以后的建筑整体倒塌的情况。这足以表明，我国的抗震设计规范经受住了大地震（即高于设防烈度3.5～4度）的严峻考验，达到了"小震不坏，中震可修，大震不倒"的抗震设防目标，保障了人民群众的生命安全。灾后恢复重建，全面加强指导农房建设（有设计图纸、有专家指导、有政府部门管理），是我国城乡建设统筹的一次重大进步，具有深远意义。

■ **要做超过与没有超过设防标准情况的对比分析**

汶川地震中，还有一点也很清晰，成都市的实际地震烈度与设防烈度基本相同，即均为7度，按89版《建筑抗震设计规范》建造的房屋均安然无恙，做到了中震基本不开裂、基本不用修。

房屋震害研究中，要对比分析超过和没有超过设防标准两种情况，不能一概而论。哪些县镇的实际地震烈度没有超过设防标准，与超过设防标准地区的房屋震害情况是否存在异同；哪些县镇的实际地震烈度超过设防标准，其房屋破坏规律是否随着烈度超出程度的不同而不同。

■ **要做超过与没有超过设防标准情况的对比分析**

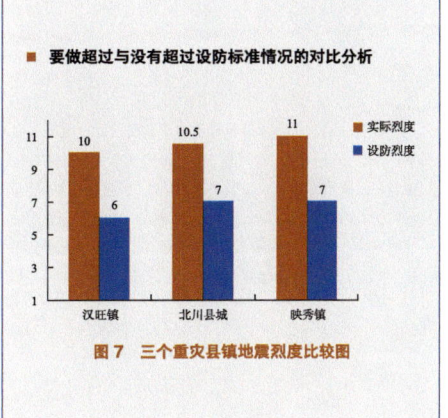

图7　三个重灾县镇地震烈度比较图

229

"凡事苦心剖析，大条理、小条理、始条理、终条理。理其绪而分之，又比其类而合之。"

案例二：关于装配式建筑发展的争论问题

中共中央、国务院《关于进一步加强城市规划建设管理工作的若干意见》和国办《关于大力发展装配式建筑的指导意见》形成了强大的推动力，全国装配式建筑发展进入了崭新的阶段。以上海市为代表的一大批城市通过政府引导、市场主导、各方主体参与，全面推进装配式建筑发展，走在了全国前列。

与此同时，不容回避的是目前行业内充斥着一些关于装配式建筑发展的质疑，一是担心装配式建筑抗震性能不好；二是认为项目管理过于复杂，既有现浇，又有装配，是为了装配式而装配式；三是现阶段装配式建筑并没有充分体现现场更文明，速度更快，成本更低。

以上三种质疑在行业内发酵，不但严重影响了装配式建筑发展，而且极有可能会把一个装配式建筑发展的技术性争论引申演变成为一个政策性问题。最近一篇《让装配式建筑去死吧》和一篇《让无知去死——装配式建筑不会死！》的怒怼文章就是两种观点的集中代表。

■ **装配式建筑抗震性能到底有没有问题**

首先应当用全面辩证思维分析，有不同的装配式，如PC、钢构装配式。此装配式非彼装配式。质疑的同志也承认钢构装配式没有影响。

所谓有影响的是PC装配式，而现阶段的PC装配式又是基于现浇框架或框剪体系结合三板的装配式，只是担心在三板的连接灌浆部分会出问题，造成抗震性能减弱或是丧失。

这到底是一个技术问题还是一个监管问题，我个人倾向于认为是一个监管问题，因为现有PC技术是满足现行抗震规范要求的。如果监管不到位，质量控制不好，有可能会影响抗震性能，那就是如何加强现场、行业监管的问题。所以应当用马克思主义的全面辩证思维来分析，不能一概而论，说整个装配式技术有问题。

■ **关于装配式施工现场更复杂的问题**

的确，现阶段PC是基于现浇框架或框剪的，一栋建筑既有现浇又有装配，确实复杂，这是一个不争的事实，所以多数有这种质疑的同志是建筑业的工程技术人员。据了解，中建七局创新研发了具有自主知识产权的环筋扣合装配式混凝土剪力墙结构体系。示范表明，该体系有效解决了构件传统连接方式存在的就位难、造价高、检测不便、质量不好控制等关键技术问题，是PC装配式技术体系的一次全面提升，从结构半装配式提升至结构全装配式，效率提高40%。为此，两位行业院士给予了较高评价。

- 由于现行 PC 既有现浇又有装配，施工更复杂，工期更长，造价更高的问题

  这应当是在决定大力推广装配式之时就充分考虑的，而不是才发现的问题。在政府引导、市场主导、企业参与的发展形势和强烈的倒逼机制下，装配式建筑参与各方都在紧盯市场需求，积极研究创新什么样的装配式建筑更好更省更快。地方政府不断加大政策扶持力度，特别是奖励容积率政策，达到了"四两拨千斤"的效果，可以破除当前阶段推广装配式建筑的成本障碍。

再结合采用设计施工总承包模式和 BIM 技术，PC 推广成本与传统技术成本相比，可以做到基本持平甚至略有优势。随着市场规模的不断扩大，PC 的成本还会进一步降低，推广优势会越来越明显。当然，在推广 PC 过程中对开发商和设计院等在选型上也要引导并适当限制，否则过分个性化的平面布置不利于 PC 的标准化、集约化，势必增加模具成本，从而提高总体成本。

政府的主要作用

- 倒逼机制
- 鼓励和示范

以上海为例，装配式建筑发展风生水起，如火如荼。

倒逼 + 奖励

毛主席曾说过，工作成功必须要"情况明，决心大，方法对"。

上海市引领全国装配式建筑发展的成功经验：真明白、真想做、真会做。

根本原因是：市委市政府决策领导有把发展装配式建筑这件大事做好的坚定意志。

敦煌文博会主场馆 8 个月就又好又省又快建成
- EPC+ 装配式
- 实现结构、机电、装修全装配式（装配化率 91.92%）

企业需要回答好 4 个问题

- 一是要不要发展装配式建筑？
- 二是发展什么样的装配式建筑？
- 三是以哪个城市为重点发展装配式建筑？
- 四是怎样更好地发展装配式建筑？

231

大格局、大思维、大战略

哲学基础是全面辩证思维。

二、共创共享思维

案例一：碧桂园的项目股份制

据了解碧桂园特别注重挖中建总公司的团队，碧桂园作为知名的房地产企业，其对房地产项目规划、立项、策划、营销都有独特的经验，但在项目实施过程当中质量、安全、成本、工期控制等方面难啃此道。因此，他们特别注重从中建总公司挖人、挖团队，以此来弥补短板。

怎么样保证团队忠诚，通过大量实际项目的经验，他们认为必须与该团队共创共享，即项目模拟股份制。让该团队的骨干把身家性命都押上，确保质量安全成本工期得到把控。

最好的地产策划团队＋最好的项目把控团队，必然取得最好的实际效果。

案例二：南通二建的项目模拟股份制

江苏南通二建集团在经历了项目经理负责制、以利润指标为中心的经济责任制考核等探索总结后，从2008年起，在集团内部实行了以项目利润分红为实质、以项目模拟股份制为实施载体、以绩效考核为特征的项目公司化管理，取得了较好的成效。

实施项目模拟股份制管理方式是其实现项目公司化管理的重要手段，具体做法是：
- 实行以利润指标为中心的经济责任制考核
- 让全体员工共同参与
- 实行项目经理负责制
- 不断细化、优化和完善
- 项目实行独立核算制
- 建立周转材料市场化运作机制
- 赋予项目独立对外协调的权利
- 材料采购权回归项目
- 赋予项目部用人权

公司与项目、项目与员工分别签订风险承包协议。超额完成指标的，项目股东享受超利部分的50%分红；完不成指标的，项目股东按未完成指标数的10%乘以本人出资比例赔款，但普通员工的最高赔款额以所投风险抵押金为限，总工、生产经理的最高赔款额以所投项目模拟股金的二倍为限，项目经理的最高赔款额以所投项目模拟股金的三倍为限。另外，公司对利润指标实行考核的同时，还对项目部的安全、质量、现场文明施工也有具体考核指标，并另行规定了奖罚标准。

实践表明，其成本、工期、质量、安全得到控制。效果很好，显著增强了南通二建的核心竞争力。

案例三

以我本人担任中国建筑科学研究院院长6年期间的经验体会为例，积极推行二级企业混合所有制试点示范（当时还没有中央文件说明混合所有制），当然我们的政策依据还是按科技部的关于科研院所的政策规定。实践证明，效果超乎想象。

现代企业之间的竞争是人才的竞争，而本质上是人才的激励和约束机制之间的竞争，谁的机制好，人才就流向谁。

三、存量与增量关系

任何企业都面临着两难的抉择，既要稳健又要发展，侧重稳健，难免抑制创新；侧重发展，难免承担风险。没有一个企业家不面对这样两难抉择。怎么办？从我自己的实践经验和对一些大型央企、国企等企业家的经验梳理，我认为，**存量还是相对要保守一些**，可以管理创新，但难以体制创新，否则就会鸡飞狗跳墙，创新还没有开始，意见满天飞，央企国企可能会告状信络绎不绝。因此对大企业，存量还是应当要相对保守，可以管理创新，但要谨慎体制创新。

而对于增量部分，我主张创新力度要更大、胆子要更大，要有舍我其谁、确保成功的气魄。增量在央企、国企等大企业相对阻力少一些，没有触碰到存量的既得利益，因此更好突破，成功了就是1+1，不成功就是1+0。

因为，存量和增量采取的战略措施，甚至选择的领军者、团队都应当是完全不同的。

四、大客户战略与内涵式的EPC

233

案例：中天建设的内涵式 EPC 实践

大的房地产企业的设计院在项目规划、立项、园林、装修等方面能力十分突出，但在结构、机电、材料等方面并不很擅长，甚至不如一些大型建筑企业的设计团队。针对于此，中天建设提出了大客户战略，实际上就是内涵式 EPC（形式上不是），即大客户设计方案完成后，派上自己的设计团队在此基础上优化设计、缩短工期、节省投资，并承诺优化后的方案不再超概算，不再超工期，实践证明中天建设确实能够做到，由此获得了大客户信任，建立长期合作关系。

有三种 EPC

- 以设计为龙头的 EPC
- 以央企国企和大型企业全面负责的 EPC
- 形式上虽不是但内涵上已然是真正意义上的 EPC

兼谈关于 EPC 与 PPP 的辩证关系

需要关注的是，在 EPC 基础上更深层次的改革，即 PPP 模式。EPC 的关键在于形成真正意义上优化设计、缩短工期、节省投资的甲乙双方理性契约关系。PPP 则是更深入的改革，是投资方式改革的深化，必然产生公共投资项目全面提高投资质量和效益的改革效果，不以人的意志为转移。可以断定，真正意义的 PPP 必然需要 EPC，真正实现 EPC 则必然需要建筑产业综合技术的全面创新和提升。相信，这将会是经济新常态下转型发展的必然要求，也是供给侧改革创新的必然要求。

推广 PPP 后：

央企、国企、上市企业实现跨越且转型，由建筑承包商向 PPP 综合承包商转变，获取投资、承建、运营三个效益。

其他企业如果不能转型，但也必须跨越，必须寻找新的市场细分，要靠 EPC 为新的 PPP 项目业主创造价值。

五、互联网＋与未来预期思维

案例一：马斯克-特斯拉轿车

彼得·蒂尔的《从0到1，开启商业与未来的秘密》，提出了新经济下新的理论和观点。

特斯拉轿车在美国成功上市，至2014年该书出版，特斯拉轿车依然在亏损，但是特斯拉的市值比美国三大汽车生产商（通用、福特、克莱斯勒）之和还要高，三大汽车生产商年年都在盈利，但是总的市值却没特斯拉高。为什么？投资机构回答了，特斯拉轿车代表汽车工业的未来，其他不代表，我们看好你，不看好他们。**未来、预期。**

案例二：上市企业要当就当行业亦或细分老大

彼得·蒂尔的另一个观点是上市公司要做就要做该领域、该细分的领头企业，凡是领头企业的市值比第二、第三、第四的市值加起来都要高。只要你的规模做大了，市场份额做大了，你的市值就高，解释了为什么现在的企业都在争先成为独角兽企业。即使再小的细分市场，只要占据了第一的位置，就要抓紧上市。

两个观点：

- 未来、预期，是新经济的重要本质，企业不只是赢得对手，而是赢得时代。新时代，创造新伟业，新伟业，造就新英雄。
- 要当就当老大，或是行业老大，或是细分老大，再小的细分也有自己的独角兽。

六、不求所有但求共享

案例：江苏某企业用共享模式发展装配式建筑

在上海市装配式建筑发展的全面倒逼机制下，江苏某企业自身没有部品部件生产厂，为了保住市场份额，主动与某部品部件生产厂强强联合，最终取得双赢的效果，部品部件生产厂扩大了规模，江苏企业解决了产品供应。该模式被不断地复制应用到其他区域。

装配式建筑进一步发展，会有三大趋势：

- 是装配式与装配式之间的竞争，全装配式与全装配式的竞争（结构、机电、装修全装配式），是装配式建筑是否更好、更省、更快的核心能力之间的竞争。
- 是有生命力的产业联盟与产业联盟之间的竞争，时不我待，只能是共享共赢的产业联盟才能适应竞争要求，抢抓机遇，抢占地盘。
- 是从方案设计开始的装配式建造全过程EPC模式或受全过程咨询把控的装配式建造。

◆ 建筑产业转型升级与哲学思辨

以上6个观点供各位参考,建筑业企业家要不断提高战略思维能力、创新思维能力和辩证思维能力!

新时代,成就新伟业。
新伟业,造就新英雄。
顺应大势,把握大局,制定大策。

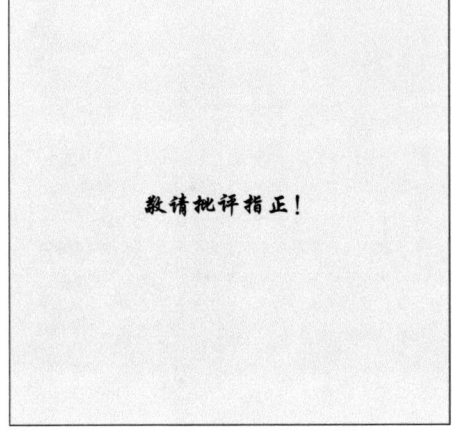

敬请批评指正!

5.《关于数字建筑业发展的思考》

（应邀在清华大学、中国建设报社、住建部干部学院第15期培训班、全联房地产商会等论坛上作主旨报告，应邀为中联重科、远大住工、北京建工集团党校、新中大、北大纵横等作专题报告）

关于数字建筑业发展的思考

王铁宏

建筑业改革发展的三条主线：

- 建筑业深化改革主线
- 建筑业转型升级主线
- 建筑业科技跨越主线

主线一：建筑业深化改革主线

国办《关于促进建筑业持续健康发展的意见》就建筑市场模式改革以及政府监管方式改革等做出了明确规定。

主线二：建筑业转型升级主线

以绿色发展为核心，全面深入地推动绿色建筑、装配式建筑、超低能耗被动式建筑发展等，以及推广绿色施工、海绵城市、综合管廊等实践。

绿色发展的核心在于低碳，低碳经济揭示了城市规划建设的实质，需要我们正确把握城市规划建设发展方向，同时要有引领世界城市规划建设发展方向的自信。

主线三：建筑业科技跨越主线

关于数字建筑，有人认为主要就是ABC（人工智能+BIM+云计算等数字技术应用），我认为尚需国内专家学者深入研究梳理形成权威意见。

围绕以上三条主线，重点需要研究四个问题：

- 关于装配式建筑发展
- 关于市场模式变革
- 关于"一带一路"倡议对建筑业的深刻影响
- 关于雄安新区规划建设对建筑业转型升级实现跨越的促进作用

十九大报告指出,推动互联网、大数据、人工智能和实体经济深度融合。要大力改造提升传统产业,建设数字中国。

建筑业是我国国民经济的重要支柱产业。2017年全球超高层建筑有一半在中国,我国建筑业将引领世界建筑业发展方向是不以人的意志为转移的。

要建设数字中国,就要建设数字城市,基础在于建设数字建筑,建设本身应当实现数字建筑业(包括项目、企业、行业管理)。在 BIM 技术基础上综合应用云计算、大数据、物联网、移动互联网、人工智能及 3D 打印、VR/AR、数字孪生、区块链等。

BIM 技术是当前数字建筑业中最基础性的应用,已经在房屋建筑特别是超高层建筑和大体量建筑、高铁建设、高速公路建设、特大型桥梁建设以及市政工程建设等方面广泛应用。

在推广应用 BIM 技术中发现,一方面我国有着全世界最大的应用体量;而另一方面,突出的问题是我们没有自主知识产权的 BIM 基础平台,导致 BIM 软件的国产化程度太低,目前市场上规模较大、应用比较成熟的 BIM 基础平台,都掌握在国外软件商手中。

引发三方面严重问题:
一是对国家信息安全构成严重威胁;
二是无法实现 BIM 技术应用价值的最大化。
三是制约我国建筑业企业及建筑软件商创新引领能力的提高

正如习近平总书记指出的，"抓住了创新就抓住了牵动我国发展全局的牛鼻子""国际竞争新优势也越来越体现在创新能力上。谁在创新上先行一步，谁就能拥有引领发展的主动权"。

中国工程院叶可明、肖绪文、吴志强、聂建国院士会同中建总公司、中国建筑科学研究院等单位的专家学者认为，要尽快启动"中国智能建造2035"重大项目研究，打造我国自主知识产权的三维图形平台和全球领先的建造信息模型平台，真正使我国数字建筑业弯道超车，实现跨越式发展，引领世界数字建筑业发展方向。

一、总体规划，加快启动"中国智能建造2035"战略研究

首先启动"中国智能建造2035"发展战略研究，组织我国管理科学、计算机技术、网络技术、工程图学、机械电子技术与建造技术等相关领域的专家，针对建造全过程进行硬件制造和软件开发，将云计算、大数据、物联网、移动互联网、人工智能等技术与建造技术深度融合，开发我国自主知识产权的软件和硬件系统，打造全球领先的建造信息模型平台和城市建设信息模型平台。

开发适于各种工程建设及施工的机器人代替人工作业，实现工程建造与城市的规划、设计、施工和运维全过程无缝衔接的智能化建造、运行和管理，实现建设全过程的绿色化、智能化、精益化、专业化、机械化和装配化发展要求，力争在2035年在软硬件方面引领世界发展，助推国家安全，实现绿色、智慧和国际化建造。

二、抓紧三维图形平台立项

立即启动把三维图形平台国产化作为"核高基"等关键核心技术工作，要作为国家未来中长期发展战略的重要内容。支持软件企业、建筑业企业和高校深度合作，打造出自主知识产权的三维图形平台，成为中国建筑软件的基础"芯片"，支持中国建筑业的转型升级。

三、试点示范，积极稳妥推进平台建设

对政府投资项目或重点工程项目应试点使用国产平台，包括鼓励使用基于国产三维图形平台研发的BIM软件。

建议发改委和住房和城乡建设部等主管部门对政府投资项目应明确要求优先使用自主平台，特别是对关乎国计民生的重大建设项目，如雄安新区、大湾区建设等更应作出具体规定。

这类工程在立项阶段应明确要求业主列支专项费用，并保证资金专用。

工程建设应用BIM技术，能节省资金、提高效率，大量减少材料浪费、返工。以北京中国尊项目为例，总投资240亿元，业主方仅投入1000万元（约万分之四）BIM应用专项费用，就在设计及施工阶段发现了11000余个问题，从而大量减少了可能发生的拆改和返工，为业主节约、创造的价值达数亿元。

四、行业引导，全面广泛推动平台应用

行业协会组织是推动BIM技术应用最积极的力量，组织了各类建筑信息模型的大赛活动。首先，应鼓励有关行业协会编制平台应用方面的团体标准，并向其广大会员单位推荐，推动平台的产业化应用。当自主平台成型后，组织国内建筑信息模型大赛活动时，应明确要求积极推广国产软件和平台应用。

什么是数字建筑

关于数字建筑，有人认为主要就是ABC（人工智+BIM+云计算等数字技术应用），我认为尚需国内专家学者深入研究梳理形成权威意见。

关于数字建筑业

数字建筑业则是一个实践层面的科技发展问题，很多建筑业大企业的主要负责同志充分重视该领域科技创新发展，率先在项目管理、企业管理中综合应用BIM以及云计算、大数据、物联网、移动互联网、人工智能以及3D打印、VR/AR、数字孪生、区块链等数字技术。这是中国建筑业与一些发达国家建筑业并驾齐驱的领域，很有可能是中国建筑业弯道超车，引领世界建筑业发展方向的领域。

IBM 量子计算机即将面世（据报道），
5G 已经成熟接近应用，
大数据正在蓬勃发展，
人工智能来到了临门一脚的关口。

数字建筑业，未来已来。

关注：
1. 中建的实践创新
2. 南通四建的创新
3. 下一步雄安新区的建设
4. 装配式 +BIM+ 超低能耗被动式

马云说，改变世界的不是科技，而是科技后面的梦想。

数字建筑业，未来已来。企业不可持续发展，不是输给对手，而是输给时代。

新时代，成就新伟业。
新伟业，造就新英雄。
顺应大势，把握大局，制定大策。

敬请批评指正！

6.《绿色建造与高质量发展》

（应邀为同济大学30人论坛、攀成德论坛、中国建设报杭州论坛、清华大学、同济大学、哈尔滨工业大学、中建五局、中国金属结构协会、浙商研究院、河南中原成品房研究中心、江苏省住建厅、中铁四局、内蒙古第二届建设行业高峰论坛、河南基本建设研究院、河南省建筑业协会、南通市建筑业协会、福建省建筑业协会、绍兴市政府等举办的有关论坛作主旨报告）

绿色建造与高质量发展

王铁宏

十九大报告中指出,我国经济已由高速增长阶段转向高质量发展阶段,正处在转变发展方式、优化经济结构、转换增长动力的攻关期,建设现代化经济体系是跨越关口的迫切要求和我国发展的战略目标。

习近平主席在 2019 年新年贺词中指出,中国制造、中国创造、中国建造共同发力,继续改变着中国的面貌。

中国建造从本质上就是中国建设(既包括城市房屋、市政基础设施,也包括各类基础设施)。

从建筑产业转型升级来分析,它是指全领域(即广义基本建设)、全过程(即包括设计、施工等)、全产业链(即包括基本建设所涉及的所有相关产业链条方面)的全面转型升级,即"四全"。

所谓绿色建造,实质就是建筑产业的全面转型升级问题,无论是建造出来的房屋或基础设施,还是整个建造过程,都要是在全面转型升级基础上实现绿色、循环、低碳发展。

习近平总书记指出,绿色循环低碳发展,是当今时代科技革命和产业变革的方向,是最有前途的发展领域,我国在这方面的潜力相当大,可以形成很多新的经济增长点。

要系统地回答怎样改革、怎样转型、怎样跨越这三个基本问题。

一、深化改革的问题

国务院办公厅印发的《关于促进建筑业持续健康发展的意见》就建筑市场模式改革以及政府监管方式改革等作出了明确规定,关于市场模式改革,明确鼓励设计施工总承包模式;关于招投标制度改革,明确按投资主体重新要求,对社会资本投资项目不再简单一刀切;关于政府监管方式改革,明确对甲乙双方同等要求;关于质量监督主体责任改革,明确要研究建立质量监督体制等。

这些改革都是深层次的,方向是正确的,效果令建筑业期待。现在,关键就是看这些改革"怎么落地,什么时候落地",关注后续一系列的配套文件。

推进公共投资项目供给侧结构性改革,关键在于转变发展方式,一则是建设模式必须转变,要充分体现节能、节地、节水、节材和环境保护。再则就是市场模式必须转变。

EPC 的关键在于形成真正意义上优化设计、缩短工期、节省投资的甲乙双方理性契约关系。

PPP 则是更深入的改革,是投资方式改革的深化,必然产生公共投资项目全面提高投资质量和效益的改革效果,不以人的意志为转移。

习近平总书记指出,要"真刀真枪推进改革",要"抓住突出问题和关键环节,找出体制机制症结,拿出解决办法,重大改革方案制定要确保质量"。

二、转型升级的问题

以绿色发展为主线,全面深入地推动绿色建筑、装配式建筑、超低能耗被动式建筑发展等,以及推广绿色施工、海绵城市、综合管廊等实践。

绿色发展的核心在于低碳,低碳经济揭示了城市规划建设的实质,需要我们正确把握城市规划建设发展方向,同时要有引领世界城市规划建设发展方向的自信。

关于装配式建筑

装配式进一步的发展还应关注三个结合

- 一是装配式 +BIM
- 二是装配式 +EPC
- 三是装配式 + 超低能耗被动式

另，要关注，装配式 + 智慧建造

三、科技跨越的问题

十九大报告指出，要大力改造提升传统产业，建设数字中国。

宏观是数字中国，中观是数字城市（或智慧城市），微观则是数字建筑（或智能建筑、智慧建筑）和数字建筑业（或智能建造、智慧建造）。

关于数字建筑

智能建筑？　智慧建筑？

智能建造？　智慧建造？

推广应用 BIM 技术要突出解决三个问题

一是三维图形平台的引擎问题，即"卡脖子"问题。目前国内项目用的引擎基本上都是国外的，广联达已研发有自主引擎，但推广应用还很少。为此四位院士和部分专家给中央领导同志提交"中国建造 2035"的建议，领导同志高度重视并作出重要批示。现国家已经立项推进国内自主三维图形引擎的研发工作。

二是三维图形平台的安全问题。现在许多设计院和施工单位往往越是重大项目越是用国外三维图型平台，由于是云服务，数据库都设在国外，只要上云平台数据瞬间就到了国外，所以要注意安全问题。目前国内已有三家自主三维图形平台，广联达（包括自主引擎）、鲁班和 PKPM（引擎是国外的，平台是自主研发的，数据库设在国内），为此我们要大力推广运用国内自主平台。

三是设计、施工、运维阶段 BIM 应用不贯通问题。现阶段，建筑产业已基本上做到无 BIM 不项目，但是仍有很多设计院还不积极，这样要解决设计和施工 BIM 不贯通的问题就显得困难，BIM 的价值就难以充分发挥。国内有很多成功的范例，如北京某地标性项目，通过 BIM 应用共发现了 11000 多个问题，解决这些问题所节省的投资和创造的价值超过 2 个亿，缩短工期超过 6 个月。

丁烈云院士指出，推广应用 BIM 不但要重视技术，更要重视价值。

同时我们还应该关注几个问题

第一，CIM 技术，随着智慧城市的发展，CIM 技术要快速推广应用，而 CIM 技术中的最重要基础部分仍在于 BIM，因此我们要特别关注 CIM 与 BIM 的结合问题。

第二，关注集采问题，重点关注公共集采平台。每个大企业大概都有自己的集采平台，但限于规模一般可以节省1到2个点。现在已涌现出公共集采平台的雏型，据调研，某公共集采平台已有近300家特、一级建筑业企业上线，不但免费上线，还享受普惠金融，交易额将近2000亿，由于规模更大可以节省3~5个点，我们要重点关注。

第三，关注ERP打通问题，很多大企业的项目与区域公司、区域公司与番号公司之间已基本上能够能实现打通，但番号公司与地方国企的集团之间、番号公司与央企的局之间往往还没有打通，我们要关注他们后续打通对加强风控管理的重大效果。

第四，关注数字孪生问题，现在的数字孪生是指将图纸生成数字模型，并不是真正意义上的数字孪生。据了解，某企业正在院士指导下拟通过北斗卫星定位技术、无人机技术和其他精密测试技术，实现毫米级定位，把建筑物的真实尺寸反馈到数字模型中，以此实现真正意义上的数字孪生。

第五，关注智慧建造的问题（无人造楼技术），大型建筑业企业都立志引领智慧建造的发展方向，某央企已在超高层项目主体结构核心筒施工中率先引入无人造楼机的概念，即自动绑扎钢筋、支模板、浇筑混凝土、养护、自动爬升等技术的综合应用，基本实现无人全自动控制，当然这还只是概念。

雄安新区建设将对建筑产业转型升级与科技跨越起到极大的促进作用。

从绿色建造的角度思考，我们认为雄安新区的建筑都应当是绿色建筑、装配式建筑、超低能耗被动式建筑，都应当是绿色施工、海绵城市、综合管廊，更应当是数字建筑，起码实现数字建造（即项目、企业、行业管理全面实现数字化）。

绿色建造及高质量发展应当是建筑产业深化改革、转型升级、科技跨越的主脉。

敬请批评指正!

鸣谢：撰写本书得到水伟厚博士、马骏驰博士、陈鲲、朱智俊、王健宇、王坦和吴淼可的帮助。